好好说话,
把话说到孩子心里去

杨颖 编著

汕头大学出版社

图书在版编目(CIP)数据

好好说话,把话说到孩子心里去 / 杨颖编著. -- 汕头：汕头大学出版社, 2019.3(2022.7 重印)
ISBN 978-7-5658-3909-2

Ⅰ.①好… Ⅱ.①杨… Ⅲ.①家庭教育-教育心理学 Ⅳ.①G780

中国版本图书馆 CIP 数据核字(2019)第 063275 号

好好说话,把话说到孩子心里去
HAOHAO SHUOHUA BA HUA SHUODAO HAIZI XINLI QU

编　　著：	杨　颖
责任编辑：	邹　峰
责任技编：	黄东生
封面设计：	松　雪
出版发行：	汕头大学出版社
	广东省汕头市大学路 243 号汕头大学校园内　邮政编码:515063
电　　话：	0754-82904613
印　　刷：	三河市宏顺兴印刷有限公司
开　　本：	880mm×1270mm　1/32
印　　张：	8
字　　数：	170 千字
版　　次：	2019 年 3 月第 1 版
印　　次：	2022 年 7 月第 4 次印刷
定　　价：	36.00 元

ISBN 978-7-5658-3909-2

版权所有，翻版必究
如发现印装质量问题，请与承印厂联系退换

前 言

做一个能和孩子好好说话的父母，比送孩子什么礼物都好。

现实生活中，我们总是可以看到这样的场景：面对放声大哭的孩子，家长越是歇斯底里地高声斥责，孩子哭闹的声音反而更大。望子成龙望女成凤是每个家长的良好愿望，但不恰当的说话方式和沟通方法却常常让好想法适得其反。为孩子好的愿望是美好的，可现实中父母和孩子之间大多时候无法有效地沟通，更谈不上教育孩子。好好说话，把自己的想法和要求说到孩子的心里是每个家长必须掌握的技能，只有这样才有可能教育好孩子。

心理学研究告诉我们：每个人心中都有自己渴望的评价，希望别人能理解，并给于赞美。所以家长在说服孩子时，不妨用放大镜观察孩子言行中的闪光点，给孩子一个恰当的美名，让孩子得到心理上的满足，找回自信，进而在较为愉快的气氛中接受家长的劝说，学会自律。在与孩子交谈中大人不应该只是把孩子当孩子，还应该把他当朋友。平等的交流只会增进融洽，而不需要顾虑失去所谓的威信，其实威信在很大程度上也是一种信任，它不是命令出来的，而是坦诚的沟通交流所带来的。

英国著名的哲学家和教育思想家约翰·洛克早在 300 年前就

提出：要尊重孩子，要精心爱护和培养少年孩子的荣誉感和自尊心。他断言："奴隶式的管教，其所养成的也是奴隶式的脾气。"洛克认为，孩子一旦懂得尊重和羞辱的意义之后，尊重与羞辱对于他的心理便是最有力量的一种刺激。

我们有时费劲心机，为孩子的成长做了许多物质上的筹备，却忘了最需要做好的地方，就是与孩子的交流与沟通。跟孩子好好说话，耐心地把话说完整，便是其中一个最需要做好的地方。好好说话，这不是多么高深的事情，也不需要父母拥有高学历、高智商，我们所需要做的，仅仅是心平气和地把话说完整，把事情和要求交代清楚就可以了，其实也就是一个习惯的问题。

父母是孩子最好的老师，语言又是教育中最为重要的交流环节，如果你想让你的孩子成为一名优秀的孩子，那就从和孩子说话开始。《好好说话，把话说到孩子心里》从关心孩子、尊重孩子出发，以身边的小事例详细讲解怎样与孩子进行有效的沟通，从而实现教育好孩子的目标，本书有原理有方法有实例，科学实用有效，是一本家庭教育普及读本，是一本可以给你和孩子带来成长和改变的书。

2019 年 1 月

目　录
CONTENTS

第 一 章　关注内心，才能让孩子真正接受你
　　　　　归属感是孩子最早的安全感 / 002
　　　　　爱孩子，不妨直接告诉孩子 / 004
　　　　　再忙也要留下和孩子对话的时间 / 007
　　　　　理解孩子，小孩也会"心累" / 009
　　　　　开心的父母才有快乐的孩子 / 012

第 二 章　读懂孩子，才能教出好孩子
　　　　　读懂孩子的心，走进他的小世界 / 016
　　　　　了解孩子的需求，理解孩子的需求 / 018
　　　　　读懂孩子审视世界的方式 / 021
　　　　　找出孩子产生逆反心理的深层原因 / 024
　　　　　要明白孩子的长处和短处 / 027

第 三 章　好好说话，让孩子充分理解你
　　　　　低声说与大嗓门，哪个更有效 / 032

南风效应：温暖的沟通法最得孩子心 / 034

教育不粗暴，说服有技巧 / 036

超限效应：说教切忌唠唠叨叨 / 039

一个拥抱胜过十次说教 / 041

别把自己的想法强加给孩子 / 044

让孩子理解你，不是服从你 / 047

缺乏沟通时间，你可以试试这样做 / 050

第四章 学会夸奖，赏识是对孩子最大的爱

每天夸孩子一句 / 054

赏识并不是简单的赞扬 / 057

发现孩子身上的闪光点 / 059

夸奖一定要发自内心 / 062

懂得在别人面前夸奖孩子 / 065

第五章 刚柔并济，赏识与批评一个都不能少

多一点赏识，让孩子更看重自己 / 070

赞美孩子，从一言一行开始 / 073
发自内心的表扬才是有效的激励 / 075
孩子有尊严，尽量私下批评他 / 078
让孩子尝尝"自作自受"的后果 / 080
先订好规矩，然后再惩罚 / 083
掌握好批评的时机 / 085
保护好孩子的自尊心 / 089

第六章 用心倾听，让孩子说出心里话
坚持让孩子把话说完 / 094
别让孩子成为"沉默者" / 097
妈妈要做孩子最忠实的听众 / 099
妈妈要表达出倾听的兴趣 / 101
让孩子学会表达爱 / 105

第七章 这样说话，孩子才会听
真诚地和孩子交流 / 108

蹲下来和孩子说话 / 110
平心静气地和孩子说话 / 112
针对孩子的个性选择交流方式 / 117
用讲故事的方式与孩子交流 / 122

第八章 好好说话莫暴躁，冷静面对冲突
允许孩子犯错误 / 128
不要给孩子贴上"负面标签" / 130
学会把对抗变为对话 / 134
利用自己的权威解决与孩子的冲突 / 137
孩子当众发难的处理方法 / 140
要学会不用责骂来引导孩子 / 141
寻找疼爱与规训之间的平衡 / 145

第九章 好好说话，培养孩子的交际能力
培养孩子与人合作的能力 / 150

让孩子学会赞美别人 / 152

培养孩子待人接物的能力 / 154

教孩子学会与父母沟通 / 158

培养孩子与同学沟通的能力 / 162

教孩子学会与异性交往 / 166

第 十 章　好好说话，培养孩子好性格

影响孩子心理健康的因素 / 172

让孩子拥有健康的性格 / 174

直接影响孩子性格发展的教育方式 / 179

让孩子变得更坚强 / 183

让害羞的孩子变得大方得体 / 187

培养孩子开朗乐观的性格 / 192

引导孩子树立正确的竞争意识 / 195

让孩子大胆地说出心里话 / 196

第十一章 好好说话，孩子才能养成好的生活习惯

好习惯将使孩子受益一生 / 202

教育孩子要养成勤俭节约的好习惯 / 206

使孩子养成诚信的好习惯 / 210

让孩子的孝顺成为习惯 / 213

良好的卫生习惯很关键 / 217

让孩子成为真正的动手操作者 / 221

培养孩子持之以恒的习惯 / 225

第十二章 好好说话，把孩子培养成兴趣广泛的人

挑选一种适合孩子的乐器 / 232

培养孩子的绘画欣赏能力 / 235

培养孩子的书法兴趣 / 236

让孩子自己动手搞"发明" / 239

不断强化孩子积极参与的意识 / 241

第一章

关注内心，才能让孩子真正接受你

归属感是孩子最早的安全感

建筑师要想修建一所结实的房屋，需要有又稳又深的地基。人的生命要想健康长久地成长，也需要有稳固的地基。小孩出生后，地基便开始"建筑"，在这里，生命的地基便是人的"安全感"。

安全感是一种人在社会生活中感到安心不害怕的感觉，当环境中可能出现对身体或者心理有危险甚至潜在危险的情况时，安全感能够使人预感到出现的环境变动，人在其中主要表现为确定感和可控感。

安全感是生命的地基，即心理健康的基础，孩子在满足了安全感的基础上才能带着稳定的心理去探索未知的广阔世界，追求更高一层的需要，带着自信心去和小伙伴打交道，融入学校生活里，在小伙伴和学校里体会到自己的价值。相反，如果孩子有过度的不安全感，将会引发孩子的心理问题和疾病，导致精神障碍，甚至神经症。

当孩子从妈妈身体中分离出的那一刻起，脱离了妈妈身体的庇佑，孩子面对陌生的环境十分恐惧和不安。为了减少恐惧，孩子会在妈妈那寻找心理上的安全感和归属感。而这安全感和归属感会成为影响孩子身心健康的基础。变动可以引起孩子极大的无归属感和无安全感。

2009年,深圳市妇儿工委办联合市妇儿心理咨询中心对全市1500个8~17岁的流动儿童心理情况进行了抽样调查。调查结果显示,深圳市近六成流动儿童感到自卑、敏感、情绪不稳定,他们与人交往合作能力较差。其中,自卑是这些流动儿童心理问题的集中表现,近30%的流动儿童感受压抑、被歧视,认为城里人看不起他们。这些孩子大多性格内向,行为拘谨,自卑心理较重,自我保护、封闭意识过强,存在相对孤僻性,以至于不敢与人交往,不愿与人交往。占一半以上的流动儿童通常是与自己的老乡一起玩耍,因为熟悉和有伙伴,这些小孩更喜欢老家,而不是现在生活的地方。

流动儿童是伴随我国经济的快速发展,越来越多的农村剩余劳动力流入城市里出现的现象。这些孩子出现的自卑、敏感、情绪不稳定等各种心理问题,都是由于流动问题导致他们没有家的归属感。孩子在幼年时期缺乏家的归属感在流动儿童中最为典型。妈妈们可以从这些流动儿童中看到归属感对小孩的人格发展的影响是多么重要。

所谓归属感,是指孩子觉得自己属于爸爸妈妈组建的家庭中的一员,属于学校班集体里的一员,属于伙伴们中的一员。在这一个个集体中,自己被集体中的其他成员接受、认可,在集体中是有价值的,必须存在的,不是可有可无的,能和集体有共同的感受。当孩子觉得自己被加入的群体接受时,会感到一种安全感和踏实感。

据有关研究发现,归属和爱的满足与生活满意度有很高的相关度。流动儿童因为生活的颠沛流离,有先天的生活条件不足的缺陷而得不到归属和爱的满足。美国著名心理学家马斯洛1943年提出"需要层次理论",他认为,"归属和爱的需要"是人的重要心理需要,只有满足了这一需要,人们才有可能"自我实现"。

研究人员给 31 名严重抑郁症患者和 379 个社区学院的学生寄出问卷,问卷内容主要集中在心理上的归属感、个人的社会关系网和社会活动范围、冲突感、寂寞感等问题上。调查发现,归属感是一个人可能经历抑郁症的最好预测剂。归属感低是一个人陷入抑郁的重要指标。

早在 1998 年夏天,美国心理学专家就断言:随着中国商业化进程的不断推进,心理疾病对自身生存和健康的威胁,将远远大于一直困扰中国人的生理疾病。上述表现概括起来就是思想上无所寄托,生活上丧失信心,对亲友无牵挂感。说到底就是归属感不强。

在孩子的安全感形成过程中,归属感是孩子最早的安全感。归属感和安全感从来都是相伴左右,有着密切的关系的。妈妈们在孩子小的时候,给了孩子充足的归属感,孩子能够体会到父母的爱和家的温暖。孩子会对世界感觉到安全,认为这个世界是安全的、可靠的、善良的,并在此过程中建立对世界和对自己的基本信任。因此,妈妈要给予孩子充分的归属感,让孩子感受到安全,并在安全的环境下健康成长起来。

爱孩子,不妨直接告诉孩子

孩子在成长过程中需要糖、蛋白质、脂肪和维生素等各种营养物质，父母为了孩子的健康成长也尽最大努力为孩子补充各种营养素。然而孩子们不光需要物质上的营养品，还需要另外一种特殊的营养物质——对孩子爱的表达。

科学研究显示，如果婴儿能够得到妈妈更多的拥抱和抚摸，那么孩子长大后就会遇事不惊、沉着冷静，并善于调节自己。妈妈的关爱为何与孩子今后的个人素质产生了神奇的关系呢？这其中的奥妙便是拥抱和抚摸会使孩子大脑中的激素水平明显不同，抚摸会使体内的"压力激素"水平降低。这就是触摸与爱抚的神奇作用，专家解释说，触摸能刺激孩子体内分泌更多的激素。此外，触摸还能诱发分泌另外一些激素，这些激素可以促进营养成分的吸收，使孩子保持良好的身体状态。

有报道说，有位年轻夫妇单位距家远，每天早出晚归，每当他们回到家中时，孩子已经睡着了。为此他们感到很内疚，双休日给孩子买来爱吃的食品和玩具，可是孩子又砸又摔。爸爸看到儿子如此"无理取闹"，气急了就狠狠地打他的屁股。可这时孩子却静静地趴在爸爸的腿上任其打，并有一种奇特的满足感。这种情况以后又反复发生，令家长无法理解。殊不知，这正是孩子长期得不到亲人的爱抚与触摸，感情营养失调而产生的变异现象。这种"无理取闹"，实际上是一种无意识地企求父母"皮肤触摸"的反常行为。

心理学家研究认为，人类和其他所有热血动物一样具有一种天生的特殊需求，即互相接触和抚摸。这是一种无声的爱的语言，是必不可少的良性刺激，是儿童发育的心理营养素。这是一种情感上的需求，而这种需求是无法从饮食中得到满足的。孩子们这种天然的感情需要，若能从感觉上给予适当的满足，他们与父母的感情就会更加深厚，心理就会产生良好的刺激，大脑的兴奋与抑制也会变得协调，因而能更好地促进大脑的发育和智力的提高。 妈妈如果爱孩子，不妨直接用语言和行为告诉他。

如果经常对孩子说"我爱你""真高兴，你是我的宝贝"等体现对孩子的爱的话语，以及经常拥抱、抚摸和亲吻孩子，会慢慢地给孩子以自信。 孩子们长大后注定要在充满压力的环境中生存，而自幼就得到亲子行为温暖的人更能对付社会环境的压力，并避免那些与压力有关的疾病。

因此，为了您的孩子身体、智力的健康成长，一定不要忽视抚摸的作用。 家长应积极为孩子创造条件，让他们通过正常、合理的方式来满足这种心理需求。 具体说来，应从以下几个方面入手：

首先，建立一个温馨、和睦的家庭。 在温馨亲切的家庭和亲密无间的氛围中成长起来的孩子，大多数性格开朗活泼，心理素质好。

其次，尽量自己哺乳。 母乳不仅营养丰富，还可以增加母婴之间的皮肤接触，增进母子之间的感情。 宝宝在母亲的温暖的怀抱中，安静地"享受"母亲甘甜的乳汁，对促进身心健康、解除"皮肤饥饿"大有裨益。

再次，掌握"皮肤饥饿"的周期性。 人的某种需求是有周期性的，孩子的"皮肤饥饿"同样也有周期性。 对于婴幼儿，每天至少应由父母搂抱一次，每次临睡前再做一次背部或颈部的按摩。 对于大一点的孩子，则要全身地搂抱，抚摸背部、颈部或按摩手臂。

最后，想方设法弥补不足。 工作极其繁忙的父母，如果没有时间与孩子接触,可托付给爷爷、奶奶,或外公、外婆照料,但要嘱咐他们每日搂抱、抚摸孩子,时间不少于两个小时。外出散步、游玩时,不要总是推着童车,也要适当给予孩子搂抱或抚摸。

再忙也要留下和孩子对话的时间

一个初中一年级的男生曾经对老师说:"我很害怕放假。"老师很奇怪,就问他究竟是怎么回事。他说:"放假在家里,爸爸妈妈都上班了,只有我一个人在家,我特别害怕,也很孤独,根本没有人跟我说说话。爸爸妈妈一点也不了解我,他们只会问:'作业写完了吗?''这一天你都干什么了?'他们从来不问我在想什么,也不和我聊天。我想说的话只能晚上说给星星和月亮听。我不喜欢放假,我喜欢上学,因为学校里有同学,和同学在一起我感到很开心。"

一项"家庭教育大调查"显示,60%的妈妈每天与孩子相处的时间有4个小时左右;亲子共处时,最常从事的活动是:35%的妈妈看电视,25%的妈妈在辅导孩子学习,剩下的则是其他如游戏等。而妈妈每天和孩子说话的时间,则基本上在半小时以内,而且说话的内容多是"教育性"的。

许多妈妈觉得给孩子吃好的、穿好的,关心他的学习,孩子就会感到很幸福。其实科学研究证明,最有威信的妈妈反而是那些每天能安排一些时间和孩子说话的妈妈。要让孩子感到幸福，绝不仅仅是提供物质上的满足，更重要的是与孩子在精神上有很好的沟通。而每天抽出一定的时间陪陪孩子，就是与孩子进行精神交流的最好渠道。

但是在现在的社会中，上班族妈妈越来越多，他们常常是在跟时间赛跑。有时回到家里，孩子已经睡了。然而，聪明的妈妈总是能够挤出时间陪孩子聊聊天，分享他的心情。

下面这个职场妈妈就想出了一个聪明的办法：

> 我把抽出时间与儿子交流作为每天的工作内容之一。我下班晚，于是就要求自己每天中午必须抽出半小时与儿子"煲电话粥"。开始的时候，我主动打电话给儿子，问他学习有什么困难？老师对他有什么要求？需要妈妈给什么帮助？开始，儿子不太喜欢说这些，但是经不住我的启发和开导，慢慢地他就把学校的困难，与同学的交往，甚至有哪个同学欺负他等等，都讲给我听。
>
> 听完他的问题，我会帮他分析原因，引导他正确处理，使他感到每次与妈妈"煲电话粥"都很愉快。渐渐地，每天中午，我不打电话给他，他就会打电话给我，向我汇报学习上的困难，讲述生活中的趣事。他还调皮地称中午时间是"妈妈时间"。

其实，即使真正陪伴孩子的时间很短，但是只要注重质量，仍然能让孩子感受到你对他的爱，建立良好的亲子关系。当孩子感到妈妈的爱与关怀的时候，他的情绪就会变得稳定，自信心就会持续增长。

注重与孩子的情感交流，是妈妈与孩子成为知心朋友的前提。 与孩子交流的时间最好选在吃饭时和睡觉前，因为这是孩子情绪最为平稳的时候。 职场妈妈在工作时，可以暂时把孩子交给保姆、老人或者学校，但是谁也取代不了妈妈在孩子心目中的地位，你一定要挤出时间陪孩子，因为孩子需要和妈妈"单独在一起说话"的时间，他需要从与你的对话中感知你对他的爱，从而获得安全感和幸福感。 同时，他也需要你来与他一起分享喜悦，分担痛苦。 如果缺少妈妈的陪伴与沟通，孩子就容易"情感饥饿"。 "情感饥饿"的孩子可能会特别任性，偶尔还会做出一些古怪的行为，以引起妈妈对他的注意，同时也可能极端自闭，郁郁寡欢。 当孩子出现这些情况以后，妈妈才发现自己的失职并且后悔不已，很可能已经来不及了。 因为要修补受到伤害后的亲子关系，解决孩子的"情感饥渴"问题，或许要花很长很长的时间，也许永远也不能实现了。

理解孩子，小孩也会"心累"

　　小迪由于刚刚上了初中，对初中的学习和生活不太适应，所以每天疲于应对各科作业，对那些课堂小测验更是应接不暇，后来干脆书本连碰都懒得碰，总是用尽各种方法逃避上学，迟到早退，赖床，无所不用其极，最后索性不再去上课。

　　小迪的父母很是着急，怎么劝说都没用。问她原因，她也只是说看不清黑板上老师的板书或者身体不舒服等。面对父母的责备，小迪的情绪也反反复复，今天说一定会努力，争取考上重点高中，明天又说不考了。

小迪的情况其实就是学习上的疲劳。学习上的疲劳分为两种，一种是生理性疲劳，这种疲劳用短暂的休息就能得到消除；另一种是心灵上的疲劳，这种疲劳单靠休息是不行的，小迪这种正是由于功课和考试的紧张所导致的心理上的疲劳。当孩子遇到类似于这种情况时，妈妈就需要严加注意了。

一般情况下，心理疲劳表现为无精打采，对曾经爱好的事物也提不起兴趣。举例来说，体育场上的运动员比赛，胜利的一方会因胜利的喜悦而冲刷掉疲劳生机勃勃，失败的一方则通常会表现的懊丧不已，甚至会短暂地失去信心。即使提起精神应对下一场比赛，也会失去热情，丧失斗志。

别以为孩子年纪小，就不会感到疲劳。孩子同样会出现心理疲劳的现象，具体到行为上，就会表现为不想上课、不愿做作业、注意力无法集中、对父母过问学习上的事表现得极其不耐烦、上课打瞌睡、下课也不够活跃等等。这种心理上的疲劳一般都不是突然发生的，而是长时间的压力过大导致精神紧张所造成的。长期在这种紧绷状态下，孩子就会因为精神后劲供应不足而产生心理疲倦，学习精神也随之衰竭。这就像心脏血液的供给，一段时间内处于高速供应状态，一旦出现纰漏，那么就很容易出现心脏衰竭的情况。

科学家研究表明，如果只讨论脑的话，大脑即使在工作8到12个小时之后，也完全感受不到疲倦。那么，孩子的这种疲倦感又是从何而来呢？

如果让一个成年人连续不断地做一件事情时，他也会感到厌倦，孩子就更是如此。厌倦的情绪会令人提不起精神，做事无力也无热情，进而形成心理上的疲劳。如果妈妈发现孩子已经有心理疲劳的迹象，那么就应帮助孩子放松，多和孩子唱唱歌、听听音乐、做做游戏等，多让孩子感受生活的乐趣，同时放松身体。有的时候，身体疲劳的减轻也有助于心理疲劳的缓解。

对孩子过高的期望也会给予他沉重的压力，进而造成心理疲劳。如果孩子达不到家人的期望值，就有可能会对自己的能力产生怀疑，甚至还会自暴自弃，这无论是对孩子当前的学习还是今后的生活都会造成极其恶劣的影响。身为孩子的妈妈，更要经常对孩子表达鼓励之情，巩固孩子的自信心，即使他取得了一丁点儿的进步，也要及时进行鼓励。成功是一步一步走出来的，即使孩子一时失败了，也要相信他，不要让他过于自责，因为一定的自我反省可以让人得到发展，但如果过于自我苛责的话，非但不会发展，反而会让孩子消极。

股神巴菲特曾经这样总结他的商业经，"我和你没有什么差别。如果你一定要找一个差别，那可能就是我每天有机会做我最爱的工作。如果你要我给你忠告，这就是我能给你的最好忠告了。"比尔·盖茨和巴菲特总结的也是差不多，"每天清晨当我醒来的时候，都会为技术进步给人类生活带来的发展和改进而激动不已！"可见，保持积极的心态，对所做的事情充满喜爱之情，是避免心理疲劳的最有效办法。

因此，妈妈就要在平日的生活中多挖掘孩子的兴趣，让孩子对所做的事物充满喜爱之情，让他摆脱疲倦的状态重新燃放出活力，这是最重要的。对于学习来说，不以分数为衡量孩子价值的区别，不做横向比较，多做纵向比较，和孩子一起理好近期和远期的奋斗目标，这是妈妈最应该做的事。

总而言之，当你的孩子对事物感到厌倦时，不如就让他停下来歇一歇，告诉他"妈妈理解你""你做到现在已经很棒了，对自己的要求要符合你自己的实际情况，不要过分苛责自己""只要你尽了力，无论什么结果，对于妈妈来说都是最好的"让孩子感受到来自妈妈的关心、理解和关爱，这是解除他心理疲劳的最有效的办法。

开心的父母才有快乐的孩子

对每个妈妈来说，让孩子生活得幸福快乐，让孩子时刻感受到自己被爱和快乐所包围，是宁愿倾自己所有也愿意为孩子实现的。从某些方面来讲，孩子的幸福就是为人父母的幸福，当你忙碌一天回家，看到孩子那张洋溢着快乐阳光的脸时，便会觉得再辛苦也值得。

如何才能让孩子体会到幸福快乐呢？妈妈永远都是孩子的典范，一个懂得营造家庭轻松气氛，让家里充满温馨，懂得如何让生活轻松而快乐的妈妈，对于孩子的成长中所起的作用是老师或者孩子周围任何其他人都替代不了的。美国作家杜利奥曾说过，只有开心的父母，才有快乐的孩子。

金金是一名小学生，学习成绩优秀，还弹得一手好钢琴，同学们都很羡慕他有一个作曲家爸爸。可是金金却一直闷闷不乐的。有一次，金金去同学家里玩，这个同学家里条件没有自己家里好，但是家庭很温馨。回家的时候，金金拉着同学妈妈的手说："阿姨，我真想住在你们家！"原来金金的爸爸总是忙于自己的工作，由于工作的特殊，爸爸的眉头总是拧得紧紧的，每当缺乏灵感他更是会大发雷霆。这种情况下，金金的妈妈总是一声不吭地躲进房间抹眼泪。

对于孩子来说，家庭是可以避风的港湾，即使受到再多伤害，只要一回到家，就能重获安全了。在一个幸福快乐的家庭里成长起来的孩子，比那些在不幸家庭里的孩子要幸福得多，因为他们从小被快乐的氛围所熏陶，自然就会有乐观的性格，遇到事情能以乐观的心态看待并积极地想办法去解决，而不是消极的逃避或者听之任之。

孩子的情绪很容易受到大人的影响。做一个快乐的妈妈，比做一个为了孩子而放弃了自己的快乐的妈妈，为孩子带来的幸福要更加的长久。有些父母省吃俭用一生，为孩子牺牲太多，每天很少有余力去开拓自己的兴趣，这也相当于放弃了自己的一部分快乐。每个人都有自己的精神世界，放弃了自己兴趣和快乐的父母无形中就会将自己放弃的东西寄托在孩子身上，这样一来免不了会为孩子带来压力。试想，一个背负了巨大压力且生活在没有欢声笑语的家庭里的孩子，又怎么能感受到快乐呢？

小林在和朋友的一次聊天中，回忆起了年幼时爸爸妈妈为了节省从未吃过一顿好的，从未穿过一件好衣服，感慨不已。于是，他下定决心："一定要舍得为自己花钱，平时多出去玩玩，和朋友到处逛逛，要让自己开心，不要想着为孩子省钱而放弃了自己的快乐。即使你已为人父母，也有享受自己生活的快乐的权力。"

小林的一位朋友对此也深感认同。她的妈妈是一位永远懂得如何追求自己的生活目标的人，"每次想到她，我就可以全身都充满活力去追求自己的目标，战胜困难。"

只有自己先感到快乐，才能带给别人快乐。只有家长自己心灵得到充实以后，才会由内而发出乐观积极的心态，并将这种乐观积极的心态传递给孩子。拥有物质上的一切并不代表快乐，真正的快乐是极易感染到他人、让他人从心里感到温暖和快乐的。营造和谐快乐的家氛围，将自己的快乐传递给孩子，就能让孩子更快乐。

要营造和乐的家庭气氛，妈妈不妨偶尔制造一些意外的惊喜。比如，圣诞节的时候给自己戴一顶圣诞帽，然后在孩子的鼻子上放一只红红的麋鹿鼻子，让他觉得很滑稽也很快乐。再比如，休息日带着孩子出门踏踏青，多接触大自然，给孩子一个可以接触新鲜事物的机会，培养他开朗豁达的心境。

有这样一个说法，"一个人一天需要 4 次拥抱才能存活，8 次拥抱才能维持，16 次拥抱才能成长。"当你心情愉悦的时候，就不要吝啬表达你的快乐心情，不妨笑出声来。有的家长为了保持威严，经常在孩子面前摆出一副严肃的形象，殊不知那只会让孩子不再敢与你接近，而笑声则能让你与孩子的距离更加贴近。妈妈们，不妨多笑一笑，在有益自己身心的同时，也能让孩子得到快乐。

第二章

读懂孩子，才能教出好孩子

读懂孩子的心，走进他的小世界

很多父母都应该对此深有体会，孩子在很小的时候都很听话，不过却越长大越不听话：总是要跟大人背道而驰；总是和大人的思想相违背；他们不经常和父母交流，一旦父母开始说话就觉得唠叨；只愿意和同学进行沟通，不想跟家长说话……很多父母都为此很心烦。这都是不理解孩子的表现！其实，理解孩子是每个做父母的都应该做到的。很多亲子关系的障碍都来自于父母不懂孩子的世界，并不知道孩子心中的想法。

小杰的妈妈有很成功的事业，在事业上不愿意输给任何人，因此对儿子也有很高的期望。为了让小杰朝自己设想的方向发展，因此对待孩子总是很苛刻。

孩子从小便很懂事很听话，不过从上初中开始，他开始有一些自主意识，小杰开始用各种方法来反抗妈妈的制约，慢慢地，孩子在母亲的眼里似乎变得很陌生。在家里，妈妈根本看不到小杰的真实想法，因为孩子总是上网，玩完就吃饭。至于小杰内心是怎么想的，妈妈完全猜不到。母亲希望孩子可以懂得自己的心思，有什么心事都告诉妈妈，跟孩子做亲密的朋友，但是儿子却一直体会不到母亲的这番心思。

这天，小杰看起来满腹心事地回到家，关上门不出来，吃饭也不在状态。母亲很忧愁，问："什么情况？怎么这么不正常？"妈妈这么问他，小杰的回答却只有短短一句："我现在不舒服，没有心情说话。"孩子的这副模样，让妈妈有很强的挫败感。她不知道孩子为什么就不明白她的心思，不能对自己畅所欲言。

相信不止一位家长和文中的母亲一样疑惑。他们觉得对孩子已经够用心了，不过孩子对他们却还有抵触心理，不想让别人走进自己的生活。这到底是什么原因？

孩子总是需要父母的教育。要想教育出好孩子，不但要保证孩子有健康的身体，保证孩子学习成绩的进步，还要给孩子一个完整、健康的心灵。但是想真正懂得孩子的内心并不是一件容易的事情。许多家长说自己的孩子不知道自己有多苦，自己把所有的都给了孩子却没得到回报，那只是因为他们很少去想孩子的想法，总是以自己的眼光来看待孩子。时间长了，便会让孩子和家长之间的感情越来越远，当父母发现孩子跟自己的关系越来越陌生时，就会很难将这层堡垒打破。

1. 重视和孩子的眼神交流

从一个人的眼睛里便可读出一个人的心思，时不时和孩子进行沟通和交流是十分重要的。如果当父母和孩子说话的时候不看孩子的眼睛，孩子本能的反应便是没有人重视我，也不会跟父母说自己的心事了。要是家长总是喜欢微笑对待孩子，孩子自然也会跟家长好好交流。

2. 要和孩子说好自己的心里话

家长应该时常和孩子说出自己的真正思想。即使是家庭生活的一些小问题，也可以向孩子征求意见。就算是孩子们不能做什么，也可以培养家长和孩子之间的良好关系。在这个过程中，孩子依旧可以感觉到自己存在的价值，所以便也会跟父母讲自己的心事了。

3. 发掘孩子的爱好才能了解"心"

孩子的真实想法体现在兴趣上。很多家长总是置之不理，觉得和孩子玩耍都是浪费时间的表现，这便将和孩子沟通的道路堵塞了。其实，如果爸爸在周末时能和儿子一起去打篮球，母女一起坐下商量衣服的事情，他们就已经开始走进孩子的世界了……孩子会把家长当做是自己的朋友，因而也不会觉得他们和自己的想法不合拍了。

了解孩子的需求，理解孩子的需求

很多家长认为教育孩子很困难，家长投入很多却得不到自己想要的回报，这是因为孩子没有按照之前的路线前行。导致这种情况的原因在于，父母并不了解自己孩子的真实想法，他们并不真正了解孩子的需要。家长要真正认识自己的教育对象，然后找准目标，这样才可以得到成功。假如父母忽视孩子的需求，只是向一个地方扔大把的钱，就不会取得自己想要的结果。

冰冰是独生女，父母都是单位中很有威望的人，家境也挺好。冰冰在家什么活儿都不用干，冰冰的父母首先是不愿意女儿做这样的事情，其次是怕因此耽误女儿的学习。即使爸爸一再要求应该培养孩子的独立生活能力，但是孩子的母亲却一直不听劝解。觉得孩子现在最主要的是要好好学习，之后的事情在他们成人之后，就会有自己的选择了。一转眼，冰冰就高中毕业了，该去上大学了。孩子的父母都非常高兴。但是冰冰的学校离家比较远，一直没有离开母亲的孩子要自己住在校园，妈妈把这看成大事。

从离开学半个月开始，母亲便不断地给冰冰买食品，几乎天天去逛超市，一直买到开学那天。吃穿用样样俱全，家里像是一个小型的储物空间。冰冰的爸爸很反感这种做法，觉得这完全没必要，但是看到孩子、妻子奔波的样子，又不忍心泼凉水。

终于等到开学了，送冰冰上学时，父亲就像是个仆人带着一堆的东西，累得满头大汗。给孩子安排好后，父亲放下手中的一堆东西，对冰冰说："你离开家，没人跟我说话了，我该多没意思。"冰冰听完这些，便在父亲的怀里哭了。冰冰妈妈在旁边特嫉妒，她觉得自己对孩子的付出真的很多，一直是她在忙活，每天都那么累，最后孩子却丝毫不感谢妈妈，有的时候还不停抱怨。而冰冰爸爸只说了一句话，孩子就一直哭。母亲觉得自己像是在做无用功。

虽然冰冰的妈妈买了好多东西准备给孩子，可是孩子想要的并不是这些东西，这并不是必需的，所以女儿当然没任何表示了。可是爸爸的一席话却点到了重点，说到了孩子的心上，这句话饱含着父亲对女儿的尊重、理解和疼爱，正因为是孩子心中想要的才会打动她的心灵。家长在教育孩子的过程中，要注意细节，细节很重要，细节决定成败。

现在大多数家长都只是注重孩子的物质需要，但是没有注重他们精神上的追求，这是非常不好的。通常，孩子的精神食粮有这些类型：安全感、相互交流、信任、创造力、探索、身体成长和独立，以及获得成功的需要，另外，还有一些潜在需求（民主的权益和自己隐私的保护等）。家长首先要了解孩子的精神需求，才能教育孩子。

1. 分清"正当需求"和"不正当需求"

要不要满足孩子的要求呢？父母要明白这是孩子的正当要求，还是不正当的要求？假如是正当需求，那么就让孩子满足；假如是不正常需求，那就要坚决拒绝。不过，当孩子有所需求时，不要仅限于满足物质的欲望。

2. 尊重孩子的成长规律，要更深入地了解孩子的想法

在现在很多的家庭里，孩子都是家庭的支柱宝贝，父母几乎投入了所有的精力到孩子身上。虽然父母为孩子付出这么多，不过他们却不真正了解孩子的内心世界。就像很多时候在为孩子做房间时的固定造型和颜色，女孩子房间一般用粉色的，男孩则用蓝色的。可是孩子的反应和大人的反应是完全不同的。父

母这样做只是出于自己的想象，只是自己的一厢情愿。所以，当家长教育孩子的时候，就要走入孩子的内心世界，按照孩子的成长轨迹，满足孩子的心理需求。

3. 要经过孩子的同意再去给孩子做准备

现在大多数家长都喜欢为孩子设计未来，不会想到孩子的想法，其实这是错误的做法。比如，许多父母都为孩子报了很多特长班，害怕孩子在起跑线上就输了，不过如果孩子不认真去学习去认知将会是一个很严重的问题。其实大部分家长让孩子上辅导班都只是自己决定的，根本就不管孩子心中是怎么想的，也许相对于去上舞蹈班他可能更喜欢英语。所以，家长要和孩子进行商量之后，才能做出决定。只有孩子喜欢的事情孩子才能认真坚持去做，这样才能得到最后的成功。

读懂孩子审视世界的方式

日常生活中，家长总是不能理解孩子的思维方式。这是为什么呢？因为家长跟孩子总是用不同的眼光看待事物。每个孩子的脑海中都有自己梦想的世界，他们跟大人兴趣不同，他们不会去感受别人设定的那些事情。这就意味着，虽然孩子年龄还小，不过他们已经会用自己的眼光来审视并分析身边的所有事情，这是家长一定要牢记的，家长们一定要尽量地去理解孩子看待世界的方式。家长要是没有注意到这样的情况，就会经常跟孩子出现矛盾，引起不和。

娜娜已经上初中了，她从小就生活在城市里，物质上从来没有什么缺憾，也从来不懂得爱惜东西。爸爸妈妈每次批评她，她都满不在乎地说："如果不花钱，你怎么能增加经济效益？"对于妈妈总是时不时提起自己小时候缺衣少穿的情景，孩子对这个很难理解，时代不一样了，当然消费观念也要随之变化了。

有一次，为了对孩子进行一次意义深刻的教育，妈妈带娜娜去看舞台剧《白毛女》。可是让妈妈没有想到，当娜娜看到剧中地主向杨白劳逼债时并没有觉得很生气，当看到地主黄世仁最后被镇压时也没有任何的反应。妈妈百思不得其解，后来在回家路上，她问娜娜看完这个剧后想到了什么。娜娜说："我觉得是杨白劳逼着女儿去给人抵押，而且欠了别人的钱，本来就应该还钱的啊，那杨白劳借了地主的钱，不还钱是罪有应得自找的，最后还逼得女儿躲到山洞里，她女儿也真是傻，地主很有钱，干吗不嫁给他啊，自己却躲在山洞中不出来，难以想象！"娜娜的妈妈顿时觉得很困惑，记得当时自己看的时候，自己有多么的入境生情，今天让孩子看了，但是孩子却跟自己以前理解的完全不一样。

其实，娜娜的话也不能说完全没道理。因为不同的年龄和不同的经历会让人产生不同的感想。出生在市场经济蓬勃发展的娜娜一代，没有办法获知如何去判断当下社会的好坏，因此也无法理解话剧中的情节。因为家长不知道自己孩子的真实想法，觉得孩子都是错误的观点，孩子也一定为此觉得很反感。当家长对孩子进行教育时，一定要注意这点，一定要按照一定的方式去领悟孩子世界的真谛，即使觉得孩子有错误，也要采取让孩子能够接受的方式。

因为不同的家庭教育环境，孩子做事和大人有着本质的不同。家长应努力理解孩子的思想，在那些完全没有机会遇到的问题上不能一棒子打死。即使孩子有些错误思想，只要能够相互理解，孩子也就更能接受父母的思想了。如果家长总是坚持己见，孩子就可能觉得家长太专制了。那么，家长应该怎么去看待孩子的世界呢？

1. 不要忽略和孩子的年龄差距

为什么家长理解不了孩子对世界的看法呢？原因之一就是父母总是喜欢忘记自己和孩子年龄的不同。很多家长都不明白孩子为什么要追星，却忘了自己年轻时的疯狂。所以，家长不应该总想着让孩子按照自己的想法来思考。要是觉得孩子的想法太单纯，家长要设身处地去想象，会不会有一种更好的手段。假如能以这种角度来考虑，可能会有更深的理解。

2. 别忽略了时代的变迁

时代不断发展变化的结果就是每个人所生活的地方和见过的事情不一样，也正因为这样，造成了家长和孩子间看待世界的方式上存在着差异。在以前长辈年轻的时候，他们也会崇拜很多人，有很多偶像，但是如今的孩子心中的偶像一般都是歌星、影星等。当然这是由很多原因形成的。要是家长有足够的时间去了解，那么对于孩子跟家长分析事情的手段不同这件事，家长也就能够以平常心看待了。

3. 走进孩子的世界

每个孩子都有自己的小天地，在思想上、行动上、心理上等方面，孩子与孩子之间都不同。要是家长能理解孩子特有的感觉，能真正理解孩子的内心，这便会让孩子更好地认识这个世界。家长可以通过读孩子喜欢的书、听孩子喜欢的歌曲来改善思维，这样的话，家长便可以做出和孩子之前相仿的那些决策。

找出孩子产生逆反心理的深层原因

很多父母应该对此都深有体会，开始很听话的孩子最后会不服从管教，家长说什么都不听，做什么事都按自己的性子。很多父母都伤心地发现，自己的孩子在对自己用手段。其实这些都是正常的。相关心理学研究发现，孩子成长时候的想法一开始成形，如果父母再强加给孩子思想就会遭到抵抗。面对孩子的这种抵触心理，要是家长心中并不了解自己的想法和变化，不知道孩子为什么会这样，而只是强制对孩子进行管教，这样便会让孩子的抵触情绪更加激烈。

燕燕的父母最近特别忧心。他们感觉孩子慢慢地变得不懂事了，学习也没那么努力了。这次考试还比上次退步了很多，家长会的时候老师还说了这件事情。燕燕的爸爸妈妈都在县城上班，孩子刚刚上学的时候，考上了市里一所比较好的私立学校，然后就开始住在学校。刚进学校，孩子经常往家里打电话报平安。不过从这学期开始，燕燕也不经常跟家里打电话了，即使打电话也只是简单的问候之类，有什么心里话也不再跟妈妈说了，即便爸爸妈妈稍微问一些，她也不想说什么，如果问多了还表现得很不耐烦，只是一句别那么烦我，便结束了对话。

燕燕的妈妈开始有点心急，孩子离自己远了，便不知道该怎么做了。所以，只要孩子放假回家了，妈妈就去偷偷地翻燕燕的东西，尤其是手机，留神和谁交流的比较多。这么查下去，妈妈顿时着急了：孩子最近总是和一个男生走得很近。所以她开始有意地套孩子的话："班主任说你们班上有早恋的，你和谁的关系比较近？"燕燕立刻回答说："我才没早恋。"妈妈立刻松了口气，不过却还是不放心，又说："你知道你是学生的话，要怎么做，不要和男生走得太近。"燕燕着急了："可以不这么烦吗？那么多事，我最多也就跟男生讨论问题罢了。再说，难道不能有一个好的异性朋友吗？"妈妈就不说话了。现在的小孩都比较敏感，一旦干涉的事情多了就会怨恨。但是如果放任自流，又害怕以后没法弄。

就像燕燕的情况一样，家长最担心的便是孩子青春期的逆反。这类孩子一般都比较敏感，而且浮躁，不听家长的话。他们做事有自己的打算和想法；假如家长一直跟他们重复一件事情他们就会显得特反感；他们觉得家长的话根本不可信，别人的说法只会让他们不屑一顾；如果决定要做什么事，无论别人怎么说都不会改变自己的想法；越是阻止便越要去做。跟燕燕妈妈一样，很多家长都对这些觉得无可奈何，不能管教又不知道该怎么做，十分为难。如果家长不能正确引导他们的行为，就会对孩子之后的发展有不好的影响。

当孩子逐渐有了自己的思想，他们有自己的理念和想法在里面，因此不管做什么决定，都不想让父母全权安排。孩子倔强只是因为自己在不断地成长，大部分是因为家长不真正的了解他们，没有很好地掌控好如何和孩子交流。那么，为什么孩子会产生抵触心理呢？父母要怎么做才会得到信任化解矛盾，而不是让孩子的反抗心理愈演愈烈呢？

1. 不要和孩子"硬碰硬"

为什么孩子会产生逆反心理呢？其实主要是因为他们害怕外在事物而让自己孤立起来，觉得父母没有给他们足够的尊重，他们便用这样的行为方式，来保证自己跟外界平等。父母要做的便是把自己和孩子的位置相互交换，让孩子感觉到你对他的尊重，然后采用正确的方式给予疏导。如果一对一地硬来，只会让问题更加严重。

2. 别对孩子说太多的"不"

很多家长经常说的都是，不行。我们经常会听到家长会用一些否定性的词语来命令孩子做事。这些否定性的词语就好像很多的模块来囚禁孩子的思想情感。孩子是有自己的意识的，他们不想让自己被家长摆布，每个孩子都想自己被喜欢。这种否定性的话语只会让孩子更加反感，这会让他们不接受任何人的命令。所以，家长应该知道，孩子已经有了独立自主意识，父母要给孩子足够的成长空间，如果他们犯了错，要宽容的对待他们，并且要跟他们分享成功的乐趣，不要让他们过分受限制。

3. 要注意新闻的影响和反应

电视或者广播的一些负面宣传也会给孩子造成不良的后果。现在很多电影、电视剧作品都极力美化叛逆者的个人行为，孩子很容易沉迷其中难以自拔，尤其是动画片里的"英雄"行为。因此，父母可以和孩子一起去观看这样的电影，然后让他们知道这些英雄只是存在于虚拟世界里的，在真实的社会里他们也会没有出路。

要明白孩子的长处和短处

孩子在社会关系中生存，一定有好的地方和坏的地方，有优势也有劣势，家长要经常赞美孩子鼓励孩子，教会孩子学会取长补短优劣互补，获得较大的进步。但是长期以来，我们教育的理念就是，先找出孩子的不足，然后不断地告诫，让他改正自己的不足。父母总觉得自己没有做错，然后孩子就会有进步了，也就提高了能力。可是事实上并非如此。这样的情况下，孩子会觉得自己没什么用，压抑和自卑的情绪非常不利于他的身心健康。

坤坤让妈妈操碎了心。三年级的他是班里最闹的"调皮鬼"，不是上课迟到被老师罚站。就是不做作业被叫家长……母亲最害怕的便是老师的电话，因为每次接电话准没什么好事儿。每次听到老师的控诉，母亲总是会训斥坤坤，骂了打了就是不见效。

坤坤的叔叔非常理解妈妈的难处，便想和孩子好好聊一聊。后来，叔叔和坤坤交流后，觉得坤坤对画画很有兴趣。于是，叔叔就给坤坤买了很多画画需要的用具，让孩子去画他喜欢的东西。坤坤很兴奋，在叔叔的激励下，画了很多作品。看了坤坤的作品，叔叔对坤坤说："画得这么好，太棒了，怎么不画两张送给爸爸？"

坤坤想了一下说："母亲会责怪我画得难看的。"叔叔鼓舞坤坤说："这才不会，妈妈会喜欢的。"爸爸收到了坤坤的画后，十分兴奋，然后很开心的对孩子说了一遍想法，还带着坤坤吃了一顿麦当劳。因为这件事，不但孩子画画的技巧有了长进，而且，坤坤和妈妈的关系也有所改变，孩子也更加听从管教了。最近，坤坤的英语测试还得了100分，妈妈为此感到特别兴奋。

很多家长都认为自己的孩子满身是缺点，就像不喜欢学习之类,而且成绩都不及格,上课迟到乱说话,自觉性差,总是不喜欢听老师讲话之类。但是作为家长,要是不断数落孩子的缺点,这样会让孩子看不起自己。同时,这些缺点在孩子的认知中扎了根,久而久之,孩子会觉得自己没有改变的可能,也懒得去改正了。其实家长应该这样做——去观察孩子的优点,在指出孩子弱项的同时也要表扬孩子的长处,这样才不会让孩子觉得自己一无是处,这样才能让孩子健康发展。

"金无足赤,人无完人。"父母的眼光总是看着孩子的缺点,就会心生不耐烦,对孩子的批评教育缺乏耐心与信心,这会导致孩子往不利的方向发展。但如果父母在找到孩子毛病的时候,同时也能发现孩子身上的优点,发现他的每一点进步,并给孩子一定的赞赏和支持,孩子就会慢慢改掉坏习惯,逐渐了解家长的良苦用心,努力克服缺点。

1. 要用完整的眼光去看待自己的孩子,发现孩子身上的闪光点

有的父母只想看到孩子的成就,其实孩子的内在性格、孩子的待人接物的方法、孩子的喜好和优点都应该是孩子好坏的见证,即便是单看孩子的学习,也不应仅看孩子的成绩,还要看孩子平时学习的用功程度、孩子优势的学科。家长考虑全面了,孩子的优点也就能被发掘出来了。

2. 正面强化,要让孩子有所作为

当孩子发扬自己优点的时候,最想听到的便是父母的赞赏。所以在面对孩子的优点时,家长应该明白,这是孩子的优点,这会给孩子自信,需要尽可能地发扬。家长需要及时对孩子进行

鼓励与肯定，这能让孩子感觉得到自己的想法，让孩子明白到自身的价值，强化他的优点。

3. 别把孩子的优点当缺点

一些孩子总是显得特别淘气，父母总认为这是孩子不服从管教，有的孩子很喜欢读小说，但是家长认为这是不愿意学习的表现，只知道看没有用的书……其实，孩子拥有一颗单纯的心灵，孩子对知识有着很大的渴求，假如家长不用心去了解，就不能发现孩子的优点。

4. 不向孩子的缺点妥协

孩子的毛病是一定要让他改正的，比如说懒散、不讲礼貌、打架斗殴等。如果父母对孩子的这些缺点无视，不仅对孩子的成长有坏处，更是家庭教育中最大的失败。同时，父母在协助孩子改正缺点的过程中，也要有自己的手段，要依照一定的规则，慢慢让孩子改掉自己的坏习惯。

第三章

好好说话，让孩子充分理解你

低声说与大嗓门，哪个更有效

现实生活中，我们总是可以见到这样的场景：面对放声大哭的孩子，母亲越是歇斯底里地高声斥责，孩子哭闹的声音反而越大。实际上，孩子的大嗓门是被母亲的高分贝吊上去的。这种母与子之间的交战，只有等双方中某一方的筋疲力尽才能结束。

美国的凯尼让大学语言研究班曾经与美国海军合作，研究在军事行动中一项指令的下达应该以多大的声音发出最合适。实验者们通过电话、舰船上的传声管，向接收者发送各种分贝的声音，结果表明：发送者的声音越高，接收者回答的声音越高；发送者的声音越低，接收者回答的声音越低。

这个规律告诉我们，当交谈双方的情绪处于紧张和敌对时，一方的低声也有助于降低对方的音量，从而缓解双方的对立状态。这就是心理学中的"低声效应"。这种效应给家庭教育的其实就是：有理不在声高。父母在批评孩子的时候，使用较低的声音要比使用较高的声音效果更好，而且越是批评、呵斥的话题，就越应该用低于平日的声调来讲。

妈妈有一天带着3岁的铭铭到邻居家做客。铭铭刚开始还很安静，但是过了一会儿，就开始在别人家床上蹦蹦跳跳,张牙舞爪。看到这种情况,铭铭的妈妈没有发怒,而是走到铭铭跟前,用轻得几乎让人听不见的声音在铭铭的耳边说:"你觉得不经允许就随便在人家床上乱蹦乱跳,是一件好事吗?"

妈妈的声音十分轻柔,脸上挂着和蔼的微笑,但铭铭却像听到了严厉的批评一样,马上停止了乱蹦。

其实这个事例就体现了"低声效应"的作用。在家庭教育中,降低声调、压低声音的讲话方法有很多好处。

首先,从物理学的意义上来讲,一方用低声讲话,对方就必须要集中精力才能听清。在这种情况下,即使他并没打算认真听这些话,但是由于条件反射的听觉动作,还是会不自觉地捕捉你谈话的内容,并进行理解。

其次,洪亮的声音一般是用来面向公众的,比如用于演讲、舞台剧等;而小声说话则突出强调了这是两个人之间的谈话,不涉及其他人,是针对个人私下里讲的话,所以很容易形成一种"促膝长谈"的良好气氛。这对于正在挨批评的孩子来说,是一种不会引起紧张感的气氛。

此外,低声讲话给人的感觉是"理性"的表述,而不是感情的宣泄。低声讲话可以让听话的人感到你是理智的,从而让自己的话更有说服力,同时也促使听话的人保持理智。如果孩子在你的面前大声哭闹,那么你必须首先保证自己的情绪不被孩子的情绪感染,然后才能理智、冷静地分析孩子哭闹的原因,进而把孩子从波动的情绪中引导到理智的状态中来。

用不同于平日说话的低声来跟孩子交谈，其实也是在暗示孩子：现在爸爸妈妈的态度是异乎寻常的郑重，你一定要认真听才可以。

总之，低平的声音、沉稳的语调，能够促使对方认真倾听你的谈话，至少可以防止父母在教育子女时与孩子竞相拔高声音，使矛盾升级。低声说话可以使双方都处于冷静自制的状态中，可以为进一步说服孩子创造条件。相反，面红耳赤、声嘶力竭地数落孩子只会起到适得其反的效果。

南风效应：温暖的沟通法最得孩子心

法国作家拉封丹写过一则寓言，北风和南风相约比武，看谁能把路上行人的衣服脱掉。于是北风便大施淫威，猛掀路上行人的衣服，行人为了抵御北风的侵袭，把大衣裹得紧紧的。而南风则不同，它轻轻地吹，风和日丽，行人只觉得春暖身上，始而解开纽扣，继而脱掉大衣。北风和南风都是要使行人脱掉大衣，但由于态度和方法不同，结果大相径庭。

这则寓言反映出这样一个哲理：即使出于同样的目的，采用的方法不同，最后导致的结果也会不同。心理学将这一哲理称为"南风效应"。

南风效应告诉了我们一个道理：温暖胜于严寒。这也就是说，妈妈在教育孩子时，要特别讲究教育方法，如果你总是对孩子横加指责甚至体罚，就会令你的孩子把"大衣裹得更紧"；而如果你采用和风细雨"南风"式的教育方法，那么你会轻而易举地让孩子"脱掉大衣"，达到你的教育目的，收到更好的教育效果。

有个初三的女学生深深地爱上了她的同学而不能自拔，于是给他写了一封热烈的情书，没想到却被老师知道了。老师把这件事连同那封情书交给了女孩的妈妈，女孩既感到无地自容，又感到恐惧万分。

她硬着头皮回到了家里，可没想到妈妈并没有什么异样。女孩心里忐忑极了，她一晚上都在偷偷观察着妈妈，可最终也没发现妈妈有什么不寻常的变化。等到临睡之前，她的心终于稍微放松下来了，她随手翻起了放在桌子上的小说，却发现那封情书就夹在里面，另外还有一张妈妈的字条："今天老师把这个交给了我，现在妈妈把它还给你。妈妈相信你可以自己处理好这件事情，相信你能权衡好感情和学业孰轻孰重。晚安，宝贝！"

俄罗斯思想家别林斯基说过："幼儿的心灵最容易受到各种印象的影响，甚至最轻微印象的影响……常常受到强烈的惩罚而变得粗暴的人，会残忍起来，冷酷起来，不知羞耻，于是连任何惩罚对于他都很快变得无效了。"的确，长期生活在北风式教育方式下，孩子可能会走向两个极端，要么对许多事情失去兴趣，给自己和他人造成伤害；要么不敢寻找独立，成为父母和老师眼中的"好孩子"。这样的孩子走上社会后，要么缺乏解决问题的能力，不敢承担人生的责任；要么缺乏自信，一生唯唯诺诺，活不出自己。

孩子都有本能的自我保护意识，他一旦发现妈妈想要教育他，就会扣上心灵全部的纽扣，把整个心都封闭起来，进行紧张的心理防范。如果妈妈能从孩子的心理出发，消除被教育者——孩子的对立情绪，创造心理相容的条件，就能顺利开启孩子的心理围城，脱去他紧护心灵的外衣，敞开心扉。

因此，妈妈要时刻谨记：家庭教育中采用棍棒、恐吓之类"北风"式教育方法是不可取的。实行温情教育，多点表扬，培养孩子自觉向上的能力，才能达到事半功倍的效果。

教育不粗暴，说服有技巧

如果家长总是对孩子指指点点，就会给孩子造成咄咄逼人的感觉，令他难以接受，甚至因此引发对立情绪。相反，如果家长掌握说服孩子的方法与技巧，就能让孩子心悦诚服地接受家长的观点，收到事半功倍的教育效果。

有这样一个小故事：

齐景公生性好玩，常常爬到树上去捉鸟。晏子想说服齐景公改掉这个习惯。有一天，齐景公掏了鸟窝，一看是小鸟，就又放回鸟窝里。晏子问："国君，您怎么累得满头大汗？"齐景公说："我在掏小鸟，可是掏到的这只太小、太弱，我又把它放回巢里去了。"晏子称赞说："了不起啊，您具有圣人的品质！"齐景公问："这怎么说明我具有圣人的品质呢？"晏子说："国君，您把小鸟放回巢里，表明您深知长幼的道理，有可贵的同情心。您对禽类都这样仁爱，何况对百姓呢？"齐景公听了这些话十分高兴，以后再也不掏鸟玩了，而且更多地去关心百姓的疾苦。晏子顺利地达到了说服的目的。

晏子的赞美最终说服了固执顽皮的齐景公。由此可见，赞美对人有一种无穷的力量。

心理学研究告诉我们：每个人的内心都有自己渴望的"评价"，希望别人能了解，并给予赞美。所以，家长在说服孩子时，不妨用"放大镜"观察孩子言行中的闪光点，给孩子一个超过事实的美名，让孩子得到心理上的满足，找回自信，进而在较为愉快的情绪中接受家长的劝说，学会自律。

如果你希望孩子按你的想法行事而孩子却并不愿意这样做，那么你就要想办法去说服你的孩子，而不是用简单粗暴的方式命令他。但是，说服也需要技巧，也就是说，要根据不同的问题选择适宜的说辞。如果不管是什么情况，都用同一种方法去说服，就很难顺利达到目标。因此，要想说服孩子，就必须巧妙妥善地运用各种表达方法。

欢欢放学回家,进门就嚷着要吃红烧肉,恰巧欢欢妈不在家。欢欢看见爸爸,就嚷着对爸爸说:"爸爸,我快饿死了,你做了什么好吃的?"

欢欢爸想到儿子从来不愿意自己出去买东西,就准备借机锻炼一下他,于是说道:"妈妈今天不回来,要吃饭就得我们自己做。我看干脆晚饭不吃了吧,煮饭麻烦,法律也没有规定一天吃三顿呀。"

"可是我肚子饿得不行了。"

"你想吃什么?"

"我想吃红烧肉。"

"那你去买吧。"

"拿钱来。"

欢欢的爸爸首先提议"不吃晚饭",让欢欢感到"绝望",再提出"去买肉"这个劝说目标,于是欢欢就非常痛快地答应了,从而顺利地解决了问题,达到了自己想要锻炼孩子的目的。

心理学中有一个"欧弗斯托原则",指说服一个人的时候,利用巧妙的说辞,让对方不得不接受你的提议。可见,欢欢的爸爸在说服欢欢独自上街买东西时,就运用到了这个技巧。

想要说服孩子,家长就不要总是急于发表你的看法。如果你的孩子喜欢犟嘴,那么在说服他的时候,不妨先听孩子把他想说的话说完,然后你再发表你自己的看法。同时,还要多反省一下你自己的行为，因为孩子有的时候跟父母对着干，是对过分控制他们的家长或过度保护他们的家长所做的最直接的反抗。所以，当孩子反抗时，你要反省一下，自己是否说得过多？是不是老在下命令？是不是动不动就唠叨和责备孩子？

再有，任何时候只要有可能，就多给孩子一些选择。多问孩子一些类似选择性的问题，比如"你觉得……""这个怎么样"，切勿用"你应该……""你为什么不能……"这样的话。

最后，要想让孩子不加抵抗地改变主意，你就要学会晓之以理、动之以情，这是任何消极对立的观点都难以招架的。打动孩子的感情要比简单生硬的命令和责难强十倍，所以，家长对孩子说出的每一句话，都要有诚意，都必须是发自内心的，是真心实意地渴望与孩子交流的，并渴望得到孩子的认同与理解。

超限效应：说教切忌唠唠叨叨

小博从小身体就很弱，所以妈妈总是非常担心他的健康。每天早晨一起床，妈妈就开始了唠唠叨叨："小博，多吃点儿饭，这样身体才能好！""小博，今天天气冷，多穿点衣服别感冒了！""小博，外面刮风了，别忘了戴上帽子！""小博……"终于有一天，小博生气地对妈妈说："天天就是这些话，烦不烦啊！"说完背起书包夺门而出。妈妈则是眼泪汪汪，觉得十分委屈：我这不都是为了孩子好吗？孩子怎么能这么说我？

实际上父母过多的叮咛，并不能起到预期的效果，反而会因为过于"唠叨"使孩子感到不耐烦而听不进去，或者听得太多感到麻木，这都是因为产生了"超限效应"。

心理学上，机体在接受某种刺激过多的时候，会出现自然而然的逃避倾向。这是人类出于本能的一种自我保护性的心理反应。由于人的这个特征，在受到外界刺激过多、过强或者作用时间过久时，会使人的心理极不耐烦甚至产生逆反情绪。这种心理现象就叫作"超限效应"。"超限效应"提醒家长们：人的心理对任何刺激通常都会有一个承受的极限，如果超过了这个极限，就会向相反的方向转化，也就是我们常说的"物极必反"。

当父母批评孩子的时候，应该记住：孩子犯了一次错，只能批评一次。如果需要再次批评的时候，要注意换个角度，用不同的话语去提醒孩子，这样才不会让孩子觉得因为同样的错误被父母"穷追不舍"，也不会因此对父母的说教感到厌烦。如果对于一个错误，父母一次、两次、三次，甚至四次五次地做出同样的批评，就会使孩子原本感到有些内疚不安的心情转变为不耐烦，最后发展到反感至极，甚至出现"我偏要这样做"的逆反心理。

为了避免批评时的"超限效应"，父母在教育孩子的时候要注意：要订立规则。如果孩子违反规则一次、两次，可以批评，但如果在此基础上仍旧违反，就要根据规则采取一些惩罚性的措施，不能只说不做，否则也会降低父母在孩子心中的威信。

有些父母可能认为，对孩子批评多了不好，那多表扬肯定没错了吧？其实表扬也同样存在着"超限效应"。表扬太多，会让孩子觉得父母是在哄自己，名义上是表扬，实际上是在提醒他这些方面做得不够好，要多注意。于是孩子一听到类似的表扬，就会感到不舒服。

还有些父母喜欢对孩子进行过多的大而空的说教。孩子即使认为父母的话在理，也会由于在短时间内遭受集中"轰炸"而感到难以承受。这也是许多青少年爱和父母犟嘴的原因。

从上边的内容可以看出，无论是批评还是表扬，甚至只是平时的教育，父母都应该掌握好"度"。任何事情如果过度，就会产生"超限效应"；如果不及，又达不到既定目的。所以只有掌握好火候分寸，做到恰到好处，才能得到理想的教育效果。

一个拥抱胜过十次说教

在人际交往中，身体语言往往能比口头语言传递更多的信息。所以父母在和孩子的交往中，不仅要留意自己的语言所传达的信息，还要学会利用身体语言。

当孩子跌倒的时候，我们常常可以看到一些家长嘴里说着："宝宝快起来，不疼不疼！"可是脸上却带着惊慌失措的表情，手也不由自主地伸向孩子。孩子看到妈妈这时候的表情，就会大哭起来。

其实孩子年龄虽小，但是第六感是相当敏锐的，他们能从父母微妙的表情和动作中判断出父母的态度。如果在孩子跌倒的时候，以坚定的目光看着孩子，并对孩子说："自己起来吧！"孩子就会知道父母不会帮助自己，然后就会自己站起来。

曾经有这样一个实验：

让妈妈面无表情地看着正在笑的六个月大的孩子，结果，不一会儿，孩子就不再笑了。当妈妈离开后，再次回到孩子身边时，他根本就不看妈妈。这个实验证明，面无表情或郁郁寡欢的妈妈很容易刺伤孩子的心。孩子虽小，但他却能清晰地从妈妈的表情、动作上感觉到妈妈的态度。

也许父母不知道，孩子对于表情的敏感程度，远远超出了家长的想象。据研究，在孩子语言能力没有成熟前，父母与他交流时，这种非语言的表达方式能占到97%的比重。大一点的孩子就更不用说了，他们更善于观察父母语言之外的其他东西。因此父母在与孩子的交往中，一定要留意自己的身体语言所传达的信息。

当孩子想妈妈了或者被别的小朋友欺负了，可以把孩子搂在怀里，脸贴着脸，缓缓地拍着他的背部，嘴里轻轻地说些安慰话，这样孩子那颗惊恐失措的心会渐渐趋于平静。当孩子说着不着边际的话时，家长最好也要面带微笑地等他说完再发表见解，可以伴些手势和面部表情，这会使孩子觉得自己像大人一样被尊重。当和孩子玩游戏时，调皮的孩子故意耍赖，妈妈要么刮刮他们的鼻子，要么摸摸他们的头，再不然就亲亲他们……这时候孩子们就会围着妈妈又蹦又跳，显得特别开心。

总之，除了正常的语言交流外，家长适时地给予孩子的一个拥抱或者一个吻，都可以很好地激发孩子的积极性，让他们体会到父母的可亲可敬。而对于那些调皮捣蛋的孩子来说，父母一个严厉的眼神，也许比责骂更有效果。

此外，在父母和孩子的交往过程中，还要学会读懂孩子的身体语言，以此来"透视"孩子的内心世界。当一个小孩撒了谎的时候，他很可能会在说完之后立刻用一只手或双手捂住嘴巴；如果不想听父母唠叨，他们会用手捂住耳朵；如果看到可怕的东西，他们会遮住自己的眼睛。当孩子逐渐长大以后，这些身体语言依然存在，只是会变得更加敏捷让别人不易察觉。

一个妈妈在与孩子谈话时，十分注意孩子的眼神。她这样总结自己的孩子："孩子眼神定向专注，表示注意力集中；眼珠发亮，表示思维活跃；眼珠放光，表示懂了；眼珠不亮，表示在思考，但还不明白；眼珠亮点闪烁，表示思想上处于矛盾斗争中；眼睛湿润，表示激动。"

不同孩子的身体语言不一定相同，但是只要父母认真观察，就不难掌握孩子的身体语言特点。

而在教育孩子的过程中，父母也要适当地运用肢体语言，这样可以强化口头语言的使用效果。特别是对年龄偏小的孩子来说，父母的肢体语言可以使他们柔弱的心灵得到莫大的安慰，一个鼓励的眼神、一个温暖的拥抱，都会使他们觉得温馨，具有安全感。

　　了解孩子的肢体语言，就可以在孩子需要帮助的时候像春风一样温暖孩子的心；学会用肢体语言表达自己的情感则会让孩子收获更多的关爱和欢乐。请父母们时刻把这样一句话放在心头：任何时候，孩子都更愿意相信父母的表情，而不是父母的话。所以，不要吝啬自己的肢体语言，让它们带给孩子一份特别的鼓励和关爱吧！

别把自己的想法强加给孩子

　　小伟从幼儿园回家后就一直在看动画片。外婆烧好了饭菜，叫道："小伟，吃饭啦！"小伟没有回答。过了一会儿，外婆又叫道："小伟，快来呀，要不饭菜都要凉了。"小伟头也不回地说："我不要吃饭，我要看动画片。"

　　听到小伟的回答，外婆对坐在一旁的外公使了个眼色，于是外公趁小伟不注意，悄悄把电视频道给换了。小伟立刻大哭大叫起来，外婆好说歹说小伟都听不进去。最后外公狠狠打了小伟屁股两下，才把小伟拉到了饭桌旁。但小伟是一边哭着一边吃饭的，看到这种情况家里的其他人这顿饭也都吃得没滋没味……

　　相信很多家庭中都遇到过类似的情况。有的时候大人们为了减少"麻烦",干脆就把饭菜端到电视机前,让孩子一边看一边吃。其实这些做法对孩子的身心健康都会产生不利影响。

人与人各不相同,如果以自己的心思去揣度别人的心思,就很容易产生错误的判断。作为父母,要时时刻刻设身处地地为孩子着想,尽力去理解孩子的感受,同时也要教会孩子学会设身处地地理解别人。

比如上边的例子中,大人不爱看动画片,但是小孩爱看;大人喜欢按时吃饭,但孩子并不在乎。父母应该尊重孩子的喜好,或者采取适合的策略去影响孩子。比如,可以给孩子两个选择,要么"看完动画片,马上来吃饭",要么"再看两分钟就来吃饭,然后吃饭后还可以再看一个动画片"。让孩子自己做出选择和决定,这样执行起来就会比较容易。

家长们必须承认,孩子正在逐渐成长为一个独立的个体,他们有自己的个性、兴趣、需求以及情感表达方式。父母应该学会站在孩子的立场上去理解孩子的感受,满足孩子的需要。父母在做出判断前,首先应该先让孩子表明自己的想法,然后再与孩子商讨得出合理的解决办法,同时根据孩子的特点、条件,给予合适的指导。在和孩子发生冲突的时候,父母一定要注意不要搞"一言堂"和专制主义,不能只允许自己发布命令,不允许孩子表达意见。比如父母认为学一门乐器很重要,因此就不管孩子是不是喜欢,就逼着孩子去学习。

不考虑别人的感受和看法,一切只从自己的意志出发,这就是心理学上的"投射效应",也就说把自己的想法不分情况的投射到别人身上,强迫别人接受自己的意见。这在家庭教育中是应该避免的。"投射效应"提醒我们,父母和孩子对很多事情的看法和感受可能是截然不同的。父母不应该把自己的主观意志强加给孩子。在有些非原则性的问题上,父母其实完全没有必要强求孩子,在这些事情上,父母应该尽量尊重孩子自己的意愿。

为了避免"投射效应",父母应该学会换位思考,试着把自己放到孩子的位置上去观察问题。当发现孩子在自己的抽屉上加了锁的时候,可以参照孩子那个年龄阶段的心理特点去理解,更简单的方法就是回忆自己在同样年龄的时候的心理特点,这样就很容易理解孩子的心理,进而理解孩子的行为。

除了自己要避免对孩子的"投射效应",也要注意引导孩子别把自己的意愿强加给别的小朋友,要教孩子站在别人的角度去理解他人的感受。比如当孩子打了其他小朋友的时候,首先要问清楚打人的原因,防止自己误解孩子。当明确了原因,这时就可以引导孩子站在别人的角度思考问题。可以问他:"要是因为这个原因别人打了你,你会不会不开心呢?你现在打了别的小朋友,他也很难过,你最好去跟他道个歉。"

有时候为了教会任性的孩子理解别人的感受,父母还可以采用"角色转换"的方法。比如,让任性的孩子去照顾比自己还小、还任性的孩子,从而让孩子体会到自己的"任性"给别人带来的麻烦,相信有了这些体会之后,孩子就很容易改变这个坏习惯了。

让孩子理解你，不是服从你

《新文化报》的记者曾经在一个地区的三所省重点中学发了280份问卷调查，结果令人震动：

问题一：你的袜子谁来洗？

95% 妈妈或其他长辈洗；5% 自己洗

问题二：你认为妈妈辛苦吗？

22% 一般；59% 很辛苦；19% 不辛苦

问题三：你常与妈妈沟通吗？

22% 经常；26% 偶尔；52% 几乎从不

问题四：你给妈妈做过饭吗？

20.5% 没有；66% 有过一两次；13.5% 经常做

问题五：你为妈妈洗过脚吗？

17% 洗过几次；20% 只洗过一次；63% 从来没洗过

问题六：你常对妈妈说感激的话吗？

39% 是；20% 只是偶尔；41% 几乎从不

问题七：妈妈不高兴时，你安慰过她吗？

62.2% 有；5.4% 没有；32.4% 有一两次

问题八：你觉得应该回报帮助过你的人吗？

20% 没考虑过；62% 应该；18% 不用

问题九：遇见教过你并常批评你的老师，你会说话吗？

86% 不理她（他），假装没看见；14% 会主动上前打招呼。

在这份问卷调查中，有 52% 的孩子表示自己几乎从来不和妈妈沟通。对于"你认为妈妈是否辛苦"的这个问题，有 19% 的孩子觉得妈妈不辛苦。"我一点也看不出妈妈辛苦。他们每天早上起来给我做早饭，然后送我上学，晚上再来接我回家。天天如此，从来没有听他们说过自己很辛苦啊。"妈妈只是没有把生活的辛苦和沧桑挂在脸上，孩子们就以为自己的妈妈一点都不辛苦。

从另一个角度上，很多妈妈总是以为只要给孩子吃好穿好，让孩子听话懂事就行了，她们不愿意让孩子知道自己工作生活上的辛苦，也从来没有给孩子理解自己的机会，只是觉得自己既然不辞辛苦为孩子撑起了一片天，孩子就应该服从自己，听自己的话。但是，孩子并不认同这个道理，他们并不会认为自己一定要服从妈妈。其实，让孩子服从你，不如让孩子从内心理解你。当孩子越是了解妈妈付出的辛苦，就越会从心里理解和尊重妈妈，也才能真正心服口服地听从妈妈的劝告。否则，孩子只会觉得自己所得到的一切都是理所应当的。

其实，当妈妈与孩子之间是地位平等、相互尊重、相互理解的时候，孩子往往能更好地感受到妈妈对自己的爱以及妈妈做出的牺牲；当孩子完全从属于妈妈的时候，他们就会无视别人为自己所做的一切了。

如果你的孩子也是这样不理解妈妈，那就应该想办法引导孩子认真思考一下：妈妈每天不仅要做好自己的工作，还要费尽心思照顾全家人的生活。即使面对着工作和家庭的经济压力，也很少跟孩子提起，实在是很不容易。妈妈空闲的时候，也可和孩子讲一讲自己工作上的情况，让孩子对妈妈工作的艰辛心里有数。要让孩子明确这样一个观念：无论妈妈从事什么样的工作，都是靠自己的双手在劳动，凭自己的本领在吃饭，都值得孩子敬重。

为了让孩子更理解自己，妈妈可以试试以下的这些方法：

（1）教育孩子学会理解他人。凡事除了从自身的角度考虑之外，还要推己及人，站在他人的角度理解一下，这样才能不失偏颇。

（2）通过让孩子参加一些简单的家务劳动让孩子学会珍惜妈妈的劳动。在劳动的过程中让孩子体会到做任何事情都不是轻易可以成功的，必须要付出努力才可以得到好的结果。

（3）最重要的一点是要和孩子建立亲密的沟通，让孩子了解妈妈的烦恼和辛苦。妈妈可以在晚饭的时候和孩子多聊聊天，不仅要关心孩子的学习生活，孩子知道自己在工作中遇到的问题和烦恼。

当孩子不能理解妈妈的苦心时，妈妈应该静下心来与孩子进行交流，告诉他你的困难、辛苦以及工作的状况，让孩子去理解你、关心你，这样才能更有利于孩子的健康成长以及建立良好的亲子沟通关系。

缺乏沟通时间，你可以试试这样做

佳佳所在的学校布置了这样一道家庭作业：周末与父母闲聊，周一班会上要交流闲聊情况。

周末，佳佳的爸爸要到田里去掐豌豆头，佳佳为了完成作业也跟着去了。爸爸在前面掐，佳佳在后面跟。佳佳不时发问："豌豆头被掐了，它会疼吗？还能长出新头吗？豌豆怕冷吗？会被冻死吗？"对她的问题，父亲全都不厌其烦地一一做了回答。后来佳佳告诉爸爸，跟爸爸闲聊，使她长了不少知识，也感到很快乐。

其实父母与孩子之间的相处从某种意义上来说，与夫妻关系也有相似之处。如果夫妻俩白天都忙于工作，回家后依然是那样正经地说话，那么家庭就不会有朝气和活力。同样的道理，父母白天有许多工作要做，孩子有许多功课要学，如果在父母下班、孩子放学后，父母还像上班时候那样正经八百地和孩子说话，父母和孩子之间的感情就不容易得到很好的沟通，也会使双方的距离越来越远。在家庭休闲生活里，父母和孩子之间如果来点"废话""闲话"，作为生活的"调味品"，可以使自己和孩子的情绪都得到放松，在无形中达到思想和情感的沟通。

"调味品效应"原本是指夫妻之间由于说些"废话""闲

话"而产生的心理交融的现象。这种废话、闲话，对生活起到了"调味品"的作用，也就是给感情生活增加了点缀和调剂，使之更加丰富有趣；也使夫妻在不断地闲聊中，一点一滴地增加相互的了解，更容易形成默契，减少误会的产生。夫妻之间这种类似调味品的"废话"，其实并不是"废话"，它可以使两颗心靠得更近，使双方思想更加协调，感情更加融洽，生活更加美满。

在家庭教育中，父母和子女之间也可以利用"调味品效应"，来达到使家庭氛围和谐、亲子之间沟通更顺畅的目的。

也许很多家长会说："我一天到晚忙得要命，哪里来的闲工夫和孩子瞎扯？"其实父母忙，无非是忙工作，忙家务，为挣钱，归根到底在很大程度上也是为了孩子忙。

其实，与孩子沟通，并不需要拿出大块的时候来与孩子聊天。做家务的时候，工作的间隙，都可以拿来与孩子闲聊一下。闲聊可以丰富孩子的生活，使孩子的情绪得到调剂和放松，同时也不要小看闲聊的作用，在这些闲聊中，父母同样可以及时了解孩子的思想动态，为进一步有针对性地进行教育打下基础。

如今的孩子大多数是独生子女，虽然物质生活比较优越，但是精神生活却相对空虚。孩子们周一到周五的时间在学校度过，有老师和同学相处倒还算充实。而到了周末这两天，父母只顾上班或干活，顾不上孩子。孩子在完成作业之后，只能与电视为伴，会感到十分孤独和无聊。如果这时候，父母抽出一点时间与孩子闲聊，就可以让孩子的课余生活变得更丰富更有意义。

与孩子闲聊的话题有很多,从天文到地理,从凡人到名人,从思想到生活,从学习到玩耍……只要是孩子感兴趣的,都可以拿来聊。教育学家总是在大声疾呼:孩子的思想教育不能放松。其实跟孩子闲聊,就是对孩子进行思想教育的很好的方式,而且闲聊在改变孩子不良的心理和行为方面,有着独特的作用,因为闲聊可以生动地让孩子明白道理,而不会因为枯燥的说教让孩子感到心理压力,或者产生逆反心理。

当然"调味品"并不是越多越好,它不能充当"主菜",否则就起不到"调味"的作用了。但是父母与孩子之间的闲聊,可以"润物细无声"地向孩子传输某些知识和观念,并且密切亲子之间的感情,在这一点上,闲聊有着不可替代的作用。

第四章

学会夸奖，赏识是对孩子最大的爱

每天夸孩子一句

在幼儿园图书馆,一位老师微笑着向孩子们走过来,他的背后是整架整架的图书。

"孩子们,我来给你们讲个故事好不好?"

"好!"孩子们答道。

于是老师从书架上抽下一本书,讲了一个很浅显的童话。

"孩子们,"老师讲完故事后说,"这个故事就写在这本书中,这本书是一位作家写的,你们长大了也一样能写这样的书。"

老师停顿了一下,接着问:"哪一位小朋友也能来给大家讲一个故事?"

一位小朋友立即站起来:"我有一个爸爸,还有一个妈妈,还有我……"幼稚的声音在房间中回荡。

这时老师用一张非常好的纸,很认真、很工整地把这个语无伦次的故事记录下来。

"下面,"老师说,"哪位小朋友来给这个故事配个插图呢?"

又一位小朋友站了起来,画一个"爸爸",画一个"妈妈",再画一个"我"。当然画得很不像样子,但老师同样认真地接过来,附在前述的那一页纸的后面,然后取出一张精美的封皮纸,把它们装订在一起。封面上写上作者的姓名、插图者的姓名,"出版"的年月日。

老师把这本"书"高高地举起来说:"孩子们,瞧,这是他俩合作写的第一本书。其实,写书并不难,你们还小,所以只能写这种小书,但是,等你们长大了,就能写大书,就能成为伟大的人物。"

这就是美国幼儿园的人生第一课,对我们的父母是否有所启发呢?

一项研究表明,经常受到父母、老师夸奖和很少受到父母、老师夸奖的孩子相比,前者成才率比后者高五倍!许多父母都知道:如果今天夸孩子的手干净,第二天他的手会更干净;如果今天夸他的字比昨天写得好了,明天他的字准会写得更工整;如果今天夸他讲礼貌了,明天他会更注重礼貌……孩子毕竟是孩子,在受到父母的夸奖时,他不仅心情愉悦,而且懂得了什么是对的,什么是错的,什么是父母提倡的,什么是父母反对的。这样,比父母直接对他说应该做什么、不应该做什么,效果要好得多。

做父母的哪有不望子成龙的?"棍棒底下出秀才"那种传统的教育方式早应随着时间的推移而被抛弃了,父母要像朋友一样与孩子互相尊重。记得有位名人说过:聪明的孩子是在爱、表扬与鼓励中长大的。叶圣陶说:教育的重点是"育"。孩子如幼苗,如花朵,在成长的过程中需要阳光的照耀、雨露的滋润,而不是风霜的侵袭。父母多给孩子一些赞美吧!因为那就是孩子的阳光和雨露。

有些父母认为，自己的孩子表现不佳，没什么好赞美的。假如这样想，就大错特错了。孩子在成长，每天都会有变化。父母一定要善于发现孩子身上那些积极的变化，比如孩子对知识的渴求，孩子的善良和单纯，凡是正面的表现都要及时发现，并给予鼓励。

孩子的良好习惯的养成，也是以一点一滴微小的进步累积起来的。父母应该用放大镜去发掘孩子的优点，譬如孩子某天做作业时不用大人提醒，这就是进步，如果父母写一张纸条：孩子，爸爸妈妈今天看到你长大了，能自觉完成作业，不再让我们操心了，爸爸妈妈好开心！如果每天都能这样做就更棒了！孩子，爸爸妈妈相信你一定能做到的！然后把它放在孩子的枕头边，让他一觉醒来后看到，这样孩子当天肯定有一个好心情，而且会做得更好。

还有很多的生活细节，如洗脸、刷牙、穿衣服等，只要父母给予鼓励，孩子的进步就会更快。

早点行动起来吧，父母每天付出几分钟时间的夸奖，换来的将是让人宽慰的一天、一个月、一年……

另外，建议父母让孩子把用来夸奖的纸条保留下来，或贴在本子上，或放在一个盒子里，周末与孩子一起回顾一下他的成长历程，与他一起分享成功的喜悦。希望父母能试验一下，也许这小小的举措就会带来意想不到的惊喜。

赏识并不是简单的赞扬

情景一：六岁的兰兰告诉妈妈今天她的画得到了老师的表扬。

妈妈回答："我早就知道你是最棒的。"

情景二：红红从幼儿园回来闷闷不乐，因为小朋友嘲笑她有个大蒜头鼻子。

妈妈回答："你的鼻子挺漂亮啊，妈妈就喜欢你这个样子。"

第一个例子中的妈妈如果总是用"最漂亮的""最可爱的""最能干的"这样的语言鼓励孩子，会在不知不觉中给孩子太多的压力，令孩子对自己的期望过高。一旦孩子渐渐发觉并非如此，反过来有可能导致自我怀疑，并随之产生自卑、嫉妒等负面情绪。

因此，不要不切实际地表扬孩子。"今天你真漂亮"比"你是最漂亮的"要好得多。"这个故事真有趣"比"你讲故事是全班最棒的"更合理。

第二个例子中的妈妈当然知道自己不过是在宽慰孩子，可是难道孩子就不知道吗？这种宽慰并不能真正解决孩子的问题。孩子甚至可能会因为你不理解她的伤心而一个人把不快压在心底，不再对你说什么，在今后的社交中出现心理障碍。

　　正确的做法应该是，先问问她是不是在和谁做比较，然后告诉她每个人的相貌都有自己的特点，这是无法比较的。多说几次，孩子就会习惯于接受现实。当然，对于能够改变的现实，父母也可以给孩子提出积极的建议，比如说孩子认为自己不够高大，父母就可以鼓励他多吃饭、多参加运动。无论怎样，父母首先要表现出理解孩子的不快，千万不要一上来就乱安慰。

　　"赏识"不能简单地等同于"赞扬"或"奖励"，如果说后两者更多地针对孩子已完成的良好行为、已取得的优秀成绩，目的是给予孩子肯定的评价，那么，赏识的应该是针对孩子做事的过程、努力的过程，目的是让孩子有信心坚持下去。

　　（1）为孩子设定"小目标"

　　不要认为赏识一定就是要夸奖孩子，针对孩子的实际情况为孩子设定一个"够得着"的小目标，这本身就是一种有效的赏识，而且这种情况下的赏识不会产生"副作用"。

　　让孩子养成一个习惯，在晚上睡觉前问自己一个问题，比如：今天，我为我的目标做了些什么？不要求孩子记日记，但鼓励孩子在"目标日历"上写点或画点什么。比如画上一张笑脸……

　　（2）给孩子积极的支持和鼓励

　　赏识最发挥作用的时候，应该是孩子想"跳"又有点怕的时候。这时，"赏识"就是一只有力的手在孩子后面用力推一把。尽量少用奖励诱惑孩子,要让孩子前进的动力来自自身,而不是外在的诱惑。不要过分强调孩子的潜能,如强调孩子"一定能行",这种办法对一部分孩子管用,而对另一些天性比较胆怯的孩子来说,可能反而增加了心理负担。

发现孩子身上的闪光点

小峰不喜欢学习,但他热爱劳动,生活自理能力强,对别人也很关心……有不少突出的优点。小峰的妈妈却看不到小峰身上存在的这些优点。在她的眼中,小峰的成绩不好,就一切都不好。小峰因为成绩差,经常受到妈妈的批评和无端指责。

有一次,小峰正在收拾自己的房间,并且找出了脏衣服准备去洗,他的妈妈走进来,一把夺过小峰手中的脏衣服说道:"谁让你整理房间了?谁让你洗衣服了?不想学习就拿这些事当幌子,没有一点出息!告诉你,成绩不好其他方面再好也没有用,赶快去学习。"小峰在妈妈一番无端的数落下,不高兴地坐在书桌前,心却并没有放在学习上。他想不通妈妈为什么只看重自己的学习,只盯住自己的短处,并且因此把自己所有的优点都抹杀了。

后来,在妈妈这样的指责下,小峰的成绩不仅没有提高，反而下降了不少，同时，小峰的那些优点也慢慢地变没了。

小峰的故事告诉我们：任何一个孩子，不管他的天资再差，缺点再多，只要他有那么一点点的优点，就是可教之才。作为父母，要善于发现并放大孩子的优点，让孩子在自信中成长。有时，即便孩子犯了错误，父母难免会责备孩子，但是责备的方法有很多种，如果方法不当，可能会影响孩子的一生。而如果父母善于找到孩子错误中隐藏的优点，然后赏识孩子，不仅可以让孩子充分认识错误，而且还会使孩子继续保持这个优点，从而养成良好的对待错误的习惯。

每个父母都望子成龙，都希望孩子出类拔萃，希望孩子身上的缺点越少越好，希望孩子能早点改正缺点。但是，孩子都希望得到父母的赏识，不愿意听到父母的批评。受到赏识的孩子会更加自信、积极，以后会做得更好；受到批评的孩子会产生自卑的心理，还会产生与父母对立的情绪，产生破罐子破摔的想法，像上例中的小峰一样，优点消失了，缺点更严重，最后与父母的愿望大相径庭。

其实，孩子将来的成功，依赖于很多的因素，不只是成绩一个方面。还与孩子各方面的能力、素质、品质等有关。孩子的优点，只要父母细心观察，就会随时有所发现，哪怕是在孩子的缺点中，都能找到优点的藏身之处。

父母要善于发现孩子的优点，并且把这些优点放大去看。不管是从孩子缺点中提取的优点，还是孩子很小的进步，都要及时提出来进行表扬，以此增加孩子的兴趣与自信。父母应鼓励孩子把优点发扬下去，引导孩子把缺点变成优点，激励孩子挖掘出自身的潜力，帮助孩子打下走向成功的基础。

每个孩子都需要父母的赏识，缺点很多的孩子更是如此。父母要有善于发现孩子优点的眼光，并且放大孩子的优点进行表扬和激励，最终会使平凡的孩子变得优秀，优秀的孩子更加杰出。而不要像上例中小峰的妈妈那样，只是抓住孩子的缺点不放，把孩子的优点也当缺点去批评，这样将会毁了孩子的一生。

那么，父母应怎样发现并放大孩子的优点呢？

（1）不要老盯着孩子的缺点

对于孩子来说，父母的话具有很大的权威。所以，父母不仅不要整天把孩子的毛病、缺点挂在嘴上，不停地数落，更不要对孩子说结论性的话，比如"笨蛋""你真没救了"等。千百年来，我们的教育观念，就是先找孩子的缺点，然后不断地提醒、警告，让他改掉缺点。总认为改正了缺点，孩子就进步了，就提高了，没缺点了就完美了，完美了就杰出了。这个理论是不对的、不可取的。

（2）用发展的眼光看待孩子

不要把孩子看"死"了。只要细心观察孩子，就会发现孩子有进步的地方。可能是对问题的认识提高，分析问题的能力增强，可能是某方面科学文化知识增加，可能是一次作业进步或者一次考试进步，可能是在劳动或公益活动方面表现较好，可能文艺、体育取得好成绩，可能有什么小发明、小制作，等等。关键的是要拿孩子的今天比昨天、比前天，而不是跟别的孩子比，哪怕发现一点微小的进步，也应及时肯定。不应总是横着比或高标准要求而觉得看着不起眼儿，认为不值得一提，就把点滴进步漠视、忽略过去。应该想到"星星之火，可以燎原"，优点是一步步发展的。

（3）适当夸大孩子的进步

孩子即使没有进步，父母也应该寻找机会进行鼓励。如果孩子确实有了进步，父母就应该及时夸奖他们"进步挺大"。这样一般都可以调动孩子心中的积极因素，促使孩子期望自己取得更大的进步，就有可能取得"事半功倍"的奇效。

夸奖一定要发自内心

情景一：这是一位母亲的叙述：

前些天，我参加了一场有关家庭教育的讲座，第一次了解了什么叫"赏识教育"，我决定改变以前对女儿严厉的做法，改用赏识教育。在家里，女儿每做一件事，无论做得怎么样，我都说："女儿，你太好了！""女儿，你太棒了！""女儿，你真了不起！"

晚上，女儿一脸茫然地看着我，还摸了摸我的额头，关切地问："妈妈，你没发烧吧？"

难道我做错了什么了吗？难道赏识教育不适合我们吗？

情景二：这是另一位母亲的叙述：

从女儿第一次自己拿筷子吃饭、第一次自己穿衣服、第一次会背诵儿歌……到现在，我已经记不清楚对女儿说过多少回"你真棒""太聪明了""多乖"等类似的表扬话。当时看来，我的这些表扬挺管用。不论在学校、家里还是外出，女儿在人们眼里都是一个"乖乖女"。

不过，我最近却为女儿太乖发起了愁：她从不主动和别人说话，一见到生人就惶惶不安，也不像其他孩子对自己没尝试过的事充满好奇。一向活泼好动的女儿不知从何时起不见了。

最后，我只好去咨询心理专家。专家给了我答案：问题就出在我对女儿的表扬上，表扬绝不是简单地给孩子贴上"聪明""乖巧"等标签，类似我的"贴标签"式的表扬太模糊了，孩子并不能真正理解让她赢得表扬的行为是什么，以至于以后，她可能为了成为家人眼里的"乖宝宝"或继续获得表扬而一味地听从大人，不敢发表个人看法，更不敢尝试自己没有把握的新领域。

表扬是一种神奇的教育方法，但如果父母不分场合、不分情况一味地表扬孩子，孩子往往就会被夸得一头雾水、不知所措。有时甚至还会因此引起反感，以致认为父母太"虚伪"。

所以，父母表扬孩子一定要发自内心，要真诚而具体。只有这样，表扬才会起到事半功倍的效果，若不然，表扬只会事倍功半。

父母发自内心的表扬，可以拉近孩子与父母之间的心灵距离，使彼此成为真正的朋友。这不仅吸引着孩子向父母真心靠拢，还会使他们更自然地倾听父母的教诲、接受父母的人生经验，在此过程中，父母时刻都在发挥着潜移默化的作用，以自己的积极乐观影响着孩子的生活与成长。

父母发自内心的表扬，可以营造宽松、和谐、民主的气氛。无数事实证明，只有在这样的家庭气氛中，才会培育出自信、自律、坦诚、大度、勇于承担责任和人格健全的新一代。这对孩子适应社会生活、保持心理平衡和维护心理健康具有十分重要的意义。

父母表扬孩子要真诚，应做到以下几点：

（1）让孩子根据自己的判断选择良好的行为

父母要做的，是帮助和支持孩子的选择，而不是替他选择，实际上也就是承认孩子的独立性，鼓励他探索的信心，当孩子有这种自豪的体验时，其实是对他最好的表扬。反之，孩子以后做事就有可能战战兢兢，甚至成为循规蹈矩的"小机器人"。

（2）不要对孩子抱有不切实际的期望

面对当今日益激烈的社会竞争，许多父母都想让自己的孩子无所不能、无所不精，各方面都胜人一筹。这种过高的期望会导致父母总带着有色的眼镜看待孩子。如此这般，父母就不能对孩子有正确全面的认识，对孩子的赞赏自然就会有失公正，或根本就是敷衍。

（3）表扬要事出有因

表扬不能泛滥，要具体。只有实实在在的表扬，才最能感动人。很多父母在表扬孩子的过程中，往往会用"你真棒"一句带过，并不对孩子的具体行为做出表扬。其实，这就不是一种正确有效的赞美方式。特别对于一些年龄尚小的孩子来说，父母更应特别强调孩子令人满意的具体行为，表扬得越具体，孩子对哪些是好行为就越清楚。比如，两个小女孩在一起玩，一个不小心摔倒了，另一个赶紧跑过去把她扶起来，帮她拍净身上的土。这时，父母就应表扬得具体一些："你今天把小朋友扶起来，你做得真好，妈妈很高兴。以后和小朋友在一起玩耍，就要像这样互相关心、互相帮助。"这种具体的表扬方法既赞扬了孩子，又培养了孩子关心别人、助人为乐的良好行为。孩子以后再遇到相同的情况，也就更容易做出正确的选择。

懂得在别人面前夸奖孩子

李晓晨今年7岁，是一个活泼可爱的小男孩，他的父母都是农民。有一次，妈妈带着他去城里的大姨家做客。大姨家的女儿比李晓晨小两岁，看见李晓晨母子后，就走上前甜甜地叫姨妈和哥哥。李晓晨因为来到陌生的城市环境，一时难以适应，看见姨妈与表妹时也不敢上前打招呼，躲在了妈妈后面不吭声。

李晓晨的妈妈看到这情景，就夸李晓晨的表妹有礼貌，批评李晓晨虽然比表妹大,却没有表妹懂事。妈妈对表妹表扬、对自己的批评刺激了躲在后面的李晓晨,他站出来对着妈妈嚷道:"我怎么不懂事了?你就知道夸别人。别人再好也不是你的孩子。"这话使李晓晨的妈妈大吃一惊,她没有想到儿子竟然说出这样的话,让自己下不了台。

她自嘲地对姐姐说:"你看这孩子,这么小,不懂事还不准别人说,真是没见过世面的乡下孩子,与城里的孩子没法比。"李晓晨听着妈妈的话,气呼呼地表示不服气。这件事情过去之后,原本活泼可爱的李晓晨变得沉默寡言了。

每个孩子都有自尊心,尤其是在别人面前,自尊心表现得更加敏感。所以,父母要多在别人面前对孩子进行表扬,而不要当着别人的面对孩子进行批评。像上例中李晓晨妈妈的做法,会严重伤害孩子的自尊心,给孩子不良的心理暗示,使孩子以后真的朝着父母批评的方向发展。

有的父母夸赞别人的孩子,贬低自己的孩子,是出于恭维、客套,而不是因为自己的孩子真的比别的孩子差。但孩子却不知情,认为父母喜欢别的孩子而讨厌自己,以为自己真的不如别人,这些都会在孩子幼小的心里留下不可磨灭的创伤,阻碍孩子健康地成长。有些父母夸奖别人的孩子,批评自己的孩子,可能是认为自己的孩子某个方面真的不如别人,有种恨铁不成钢的感觉。但孩子都有自尊心,父母这样做会伤了孩子,对孩子不仅起不到激励的作用,相反还会使孩子越来越叛逆。

因此,父母要在他人面前多赞扬孩子。如果孩子听到父母当着别人的面表扬自己,自尊心不但得到了满足,而且会增加自信,朝着好的方面更加努力。 如果父母当着别人的面夸赞孩子好的方面,会使别人对孩子留下好的印象,由此会对孩子投射出赏识的眼光,也间接地鼓励了孩子。 父母夸赞孩子还有一定的技巧,如孩子不在场却能知道父母在别人面前夸赞了自己,这样孩子会更加高兴,知道父母是从内心赏识自己,从而能激励孩子产生无穷的力量,快速地朝着父母所希望的目标前进。

父母当着他人的面夸奖孩子也应有度。 不论什么时候,见了任何人都对孩子进行赞扬,这样做反而对孩子的成长不利,也会引起他人的反感。 所以,父母当着别人的面赞扬孩子要适度,要恰当,同时要实事求是,不可夸大其词。 但更不能像个案中李晓晨的妈妈那样,当着别人的面贬低自己的孩子,这些都不利于孩子的成长。

在别人面前夸奖自己的孩子时,有以下几点需要注意。

一是夸奖孩子的态度必须是认真和真诚的。 不能因为炫耀自己或者敷衍别人而故意吹嘘,夸大孩子的优点。

二是必须有根有据。 要根据孩子的平时表现来夸奖孩子,不能为了夸奖而夸奖,凭空捏造事实,让孩子感觉你在作假。

三是要适可而止。 不要说起来没完,让孩子感觉不自在。 要知道,表扬的话并不是越多越好,有时候说得多了反而无益。

孩子比成人更爱面子。 他们对于赞扬是极其敏感的,他们在比我们想象的更早的幼年时期就具有这一敏感度。 他们觉得，自己能被别人看得起，尤其是被父母看得起并当众夸奖，是一种莫大的快乐。所以，当跟别人说起自己的孩子时，不管孩子是否在场，都要怀着赏识和尊重的心态去谈论他们："我的孩子很棒，我很喜欢他！"

第五章

刚柔并济，赏识与批评一个都不能少

多一点赏识，让孩子更看重自己

父母认为孩子"好"还是"不好"，对孩子一生的影响的确很大。作为父母如果敢于肯定自己的孩子，对孩子发出"你一定能行"的正向信息，那就会使孩子对自己越来越有信心。相反，如果父母总是对孩子心存过度的担心和保护，对孩子发出的是"你不行"的负向信息，那么时间长了，孩子会真的认为自己不够好。孩子能否有足够的自信心，实际上很大程度取决于父母和老师的态度。

心理学上有一个名词叫作"马太效应"，它来自于《圣经·马太福音》中的一则寓言。《圣经·新约》中的马太福音部分有这样两句话："凡有的，还要加给他叫他多余；没有的，连他所有的也要夺过来。"这句话通俗的意思就是说，好的往往更好，坏的往往更坏；多的往往越多，少的往往越少。1973 年，美国科学史研究者莫顿曾经概括过这样一种社会现象：越是有声望的科学家越是能够获得更多的奖项，而越是不出名的科学家得到的奖项就越少。莫顿将这种社会现象命名为"马太效应"。

强者越强，弱者越弱，这种效应在学校教育和家庭教育中普遍存在，如果稍微不注意的话，就很容易导致"优生更优秀，差生更差劲"的现象。在日常生活当中也经常会出现这样的现象，家长总是夸耀那些听话学习好的孩子，而对那些不听话学习差的孩子持有批评的态度，时间长了之后，这两种孩子的发展就拉开了差距。

当然，任何事情也都是过犹不及，假如有一个品学兼优的学生，无论是学校领导、班主任还是家长都很喜欢他，这些看似能够使他更"优秀"的因素，却不能给他带来快乐。有些孩子，老师越是夸奖，家长越是宠爱，他就会越发的骄傲自大，目空一切。这样的孩子极有可能会遭到别人的嫉妒、疏远、仇视、孤立。这也并不利于那些好孩子的心理健康，他们很有可能会在学习和生活中形成一种不健康的认知体系和心理模式。

兰心今年上小学五年级了，她长得非常漂亮，学习成绩也不错，成绩在全班总是名列前茅，不仅如此，兰心还能歌善舞，综合素质的发展比较全面，在学校中是个受欢迎的孩子。学校领导很重视她，班主任老师更是将她视为班级中的骨干，在家中，兰心是爸爸妈妈的掌上明珠，在家里说一不二。

但是兰心并没有像家长老师所期望的那样越来越优秀，反而变得自负起来，和同学之间的矛盾也越来越大。在这个学期开学之初，学校重新成立了班委会，班主任很想听听她的意见，她挨个说了同学的缺点，甚至刻薄地说：全班除了她，没有一个人还能有资格当班干部。她的这种态度，引起了同学们的不满，最终在班干部竞选时，她差了十几票落选，当时就哭了，回家之后任凭父母怎么劝说她都不肯吃饭，就因为这点小事郁闷了很长时间。

表扬孩子是必要的，只不过赏识也应该要有度，不能过分地赏识。

马斯洛说人有满足自我的需要，然而赏识就是满足自我的最大途径了。一个没有经历过任何赏识的孩子，心理就是不健全的，这样的孩子很容易自卑怯懦，长大之后也很少有勇气去面对自己想要做的事情，成功的概率自然也会很低。

当然，赏识孩子并不是一件容易的事情，赏识得不够、赏识得过多，都会对孩子内心产生不良的影响。对孩子的赏识是一种教育的艺术，作为父母要根据自己孩子的特点及心理，遵循一定的赏识原则才能够让孩子在赏识教育中受益。

首先，赞赏要及时。

如果孩子做了一件好事，或者取得了小小的成功，父母要及时给予肯定，及时的赏识可以强化他的记忆和感受。

其次，要根据具体的事物进行赏识和表扬。

一些不符合孩子内心的空表扬，对孩子来说并没有什么效果，所以表扬一定要很具体，让孩子知道自己为什么要受到表扬。比如孩子帮助老人拿东西，妈妈夸奖说"宝宝今天真乖"，孩子可能不会有什么感觉。如果妈妈说"宝宝今天帮助老奶奶拿了东西，做得真好"，孩子就会觉得自己得到了肯定，也会很高兴。

最后，要发自内心的表扬孩子。

如果爸爸妈妈对孩子的表扬并不是发自内心的，那么这样的表扬就是虚伪的，孩子也不会觉得这些表扬有什么意义。赏识是一种交流，如果用假惺惺的话来哄孩子，那孩子也不会相信的。所以在赞赏孩子的时候一定要发自真心，让孩子感受到你的真诚。

赞美孩子，从一言一行开始

情商是近些年来心理学家们提出的智力与智商相对应的概念，它主要指的就是人在情绪、情感、意志等方面的品质。一个情商高的人能够很客观很全面的认识自我，并且能够成为自己的主宰。认识自我，也就是通常所说的"自知"。能够自知的人就能够很正确地认识自己，并且能够客观地评价自己，不会被别人的评价所左右。

心理学家们根据研究表明，6岁以前的儿童正处于构建自我的重要阶段，这个阶段的儿童，需要通过外界对他的评价来认知自己。所以这些孩子对外界的评价很敏感，如果他从小收到的信息是客观中肯、包容接纳的，那么这个孩子就能够很正确地认识和评价自己。

对孩子不能不夸，也不能盲目地夸，家长鼓励孩子的目的就在于要让孩子能够正确地认识自己，接纳自己。孩子的自信是建立在成就感的基础之上，而并不是建立在空洞的表扬之上。所以家长不需要过度地表扬孩子，否则会让孩子依赖于表扬，产生自大或者自卑的心理情绪。表扬不仅要适度，更要合情合理。

有一位教育专家曾经讲过这样一个案例：

有一个8岁孩子的妈妈问："孩子每做一件事情都要得

到我的表扬，如果我没有表扬他，他就会大发雷霆。这是为什么呀？"

我问她："是不是表扬太多的缘故？"她说："是的，以前我批评得多，后来我发现这样不好，为了让他建立自信，给他的表扬就比较多了。现在他时刻关注我的情绪，如果我高兴，他就开心；如果我的情绪不太好，他就会暴躁。"

我跟这位妈妈说："这说明孩子不能正确认识和评价自己，他的情绪都建立在你的情绪基础上。他的内心不自信，所以他需要获得别人的表扬来证实自己。你以前批评多，后来表扬多，两者都不对，走了两个极端。"

那位妈妈问："那我该怎么办呢？"我说："你要减少对孩子的评价，更不要对孩子进行主观的评价。外界的评价尤其是不客观的评价过多，孩子将会失去自我评价的能力。你的孩子就在逐渐失去自我评价的能力，所以他必须要你表扬他，才能证实自己。"

那是不是就不能夸孩子了呢？当然也不是，夸孩子是给孩子积极的回应，孩子需要父母的认可、肯定和鼓励，并且通过父母给他的积极回应来认识自己，这个"积极回应"要怎么去回应呢？

怎样夸奖孩子的效果才是最好的呢？

首先，不能将"夸奖"当成孩子前进的动力。这就要求家长观察孩子做事情的动力，是为了获得夸奖，还是从内心当中自发自愿的呢？另外，夸奖孩子一定要在事后，而不要在事前，很多家长都喜欢用夸奖的方式去引诱孩子做某些他不愿意做的事情，比如说孩子不太愿意画画，妈妈说："妈妈觉得你的画画得很好，来给妈妈画一张吧。"父母这样的方式影响了孩子的精神自由，孩子能够感觉到，成人试图在左右他。

而孩子事前需要的是鼓励，而不是夸奖。明明刚开始学习滑轮的时候，掌握不了平衡，摔倒过很多次，有一次他气坏了，哭着说："我不要这双滑轮鞋子了，我怎么老是摔倒呢。"妈妈很平和地对他说："学习滑轮是一件比较困难的事情，很难掌握平衡。但是我相信，如果你练习了很多次之后，总有一天是可以学会的。"在妈妈的勇敢鼓励之下，明明不断地跌倒，然后又不断地爬起来，不到一个星期之后就学会了。

其次，要让孩子感受到，无论是夸奖还是赞美，是真心的赞赏而不是虚假的敷衍，这一点很重要。夸奖，应该是真实的，客观的，既不能夸大也不能缩小。比如说明明在滑轮的时候摔倒了，如果家长还鼓励他说"你滑得挺好的"，这样名不副实的夸奖只会让孩子觉得大人的话是虚假的，不值得信赖的。

最后，夸奖必须是具体的，要用平实的语言来描述孩子做得好的事情，不要用"你真棒""你真聪明"这样泛泛的语言来夸奖孩子。当孩子能够独立地做好一件事情之后，他的成就感足可以让他获得最大的满足，他的内心充满着喜悦与自信，这是对他最大的肯定与表扬了。

发自内心的表扬才是有效的激励

每一个孩子都需要父母的肯定与鼓励，这一点毋庸置疑，但是如果仅仅是空洞的表扬，或者是不着边际的吹捧，并不能培养孩子真正的自信。父母要抓住孩子的长处，并且加以肯定和表扬，才能够将真正的自信植入孩子心灵的深处。

彤彤是一个浓眉大眼的小孩，既聪明又可爱，家里的人都很喜欢他。彤彤在家里早就听惯了各种各样好听的话，所以不免有些骄傲，但同时他对所有的赞赏都表现得不屑一顾，他觉得获得赞赏是理所当然的一件事情。可想而知，后来彤彤成长为一个很刁蛮的小孩，别人根本说不得，什么话都听不进去。

美国心理学家里维斯博士认为，赞扬应当在孩子完成某一个值得肯定和鼓励的行为时进行，而且要恰如其分。对孩子空洞或不恰当的赞美，不仅无益，还会引起相反的效果。里维斯发现，许多妈妈常常用"你是个好孩子"之类的话来称赞孩子。这种总体的、笼统的赞美，起不了引导孩子正确自我估价的作用，因为他们无法知道自己好在哪里。妈妈应当对孩子具体的行为进行及时具体的表扬，如孩子洗了手绢，可以夸赞他洗得真干净；孩子收拾了玩具，可以表扬他收拾得真干净。只要孩子有进步就要鼓励，有好的表现就要加强鼓励的感情色彩。如果妈妈留心，总会找出具体理由来称赞与表扬孩子。

同时，家长对孩子具体行为的夸奖也要适度，廉价的赞美一定会贬值，这样的赞美在孩子心中不会起任何作用，或者使孩子形成不切实际的自我估价而盲目自满，总之是会危害他们成长的。

表扬是一门艺术，过多的表扬一定会影响孩子的行为动机，还会促使孩子为了得到表扬而采取行动。所以，聪明的家长一定要学会表扬孩子的方法，没有价值的赞美最好尽量杜绝。

那么要如何表扬孩子，才会成为有效的激励呢？

首先，要让孩子知道父母表扬他的理由，也就是说父母表扬得越具体，孩子就越明白哪些行为是好行为，也就越容易找准努力的方向。如果父母总是用一些泛泛的语言来表扬孩子的话，这样虽然从表面上看是提高孩子的自信心了，但是孩子会不明白自己究竟好在哪里，为什么受表扬，以后就会逐渐听不进去别人的批评了。

再有，要针对孩子的个性进行适度的表扬，对那些性格很内向、个性很懦弱、能力也很差劲的孩子，要多表扬才能够肯定他们的成绩，增强他们的自信心。相反，对那些虚荣心很强、态度又很傲慢的孩子，就要有节制地运用表扬的手段，否则就会助长他们的不良性格，影响他们的进步。

最后一点就是，表扬不仅仅要看结果，更要看到过程。比如说孩子好心办了坏事怎么办？家长是要表扬呢，还是要批评呢？聪明的父母看到这样的情况，一定要对孩子的"好心"提出表扬，然后再帮助孩子分析"坏事"的原因，告诉他要如何改进，这样就会收到良好的效果。

表扬孩子的方式有很多，不一定只是口头表扬，只要是适合孩子的表扬方式都能够收到很好的效果，比如说为孩子购买图书，购买玩具对其进行物质奖励，也可以是对孩子做出搂抱、竖大拇指之类的表情奖励。总之，恰当的表扬方式，会收到最好的表扬效果。

孩子有尊严，尽量私下批评他

伟大的教育家洛克说："父母越不宣扬子女的过错，子女对自己的名誉就越看重，因而会更小心地维护别人对自己的好评。如果父母当众宣布他们的过失，使他们无地自容，他们就会越觉得自己的名誉已受到打击，维护自己名誉的心思也就越淡薄。"

每个孩子都是活生生的生命个体，他们不仅仅满足于被爱、被保护，他们更渴求得到尊重和理解。但是，总有些家长喜欢当众给孩子"揭短"，越是人多的时候，就越是要批评他。

妈妈和客人正在客厅聊天，倩倩拿着试卷走上前来。"又考那么低！看看这分数！还好意思拿到我面前，真丢人！"妈妈抖着哗哗作响的试卷，像在寻求客人的同情。客人略显尴尬。

看着倩倩没有动静，妈妈更加生气："我说错了吗？她一直都这样，我看是改不了了！我也不报什么希望了！"妈妈气愤失望的表情让倩倩无地自容。"孩子小，一两次考得不好是正常的情况，别这么说孩子。"面对客人的担忧，妈妈仍然"不解恨"地说："小孩子不说她就不懂，非得我来骂她两句！"。

有的妈妈总是喜欢在众人面前批评自己的孩子,因为这可以让其他人在"无意中"看到自己做妈妈的"权威",从而令自己"有面子"。但是,这种当众揭孩子的短的做法,虽然成全了妈妈的这种自私心理,却极大地损伤了孩子的尊严,让孩子觉得无地自容,脸上无光而羞于见人,无形中不良刺激强化了孩子的弱点。

其实,孩子的面子比大人的面子更重要,而且孩子越大,自尊心就越强。而且,孩子每一个行为都是有原因的,也许这些原因在成人看来是微不足道的,但在孩子的眼里那是很严重的事情,不了解原因当众批评孩子,非但不能解决问题,反而会使问题变得更糟,令孩子产生逆反抵触情绪,继而与家长产生深深的隔阂。

一个教育专家在和家长谈论对孩子的教育问题。

妈妈带着孩子来找这位教育专家,见到之后,跟孩子讲:"问叔叔好。"

孩子很懂礼貌地和这位专家问好。

妈妈接着开门见山地当着孩子的面问这位教育专家:"您说,我的这个孩子怎么老是比别人反应慢呢?"

教育专家示意家长不要当着孩子问这样的问题,故意把话题岔开了,但是家长并没有意识到。

等到把孩子支走之后,教育专家对这位妈妈说:"大姐,我跟你说实话啊,不要在孩子面前评论他。这样还能指望他变聪明吗?"

其实，有的妈妈也明白孩子的自尊心非常敏感，不能伤害。但是有时候看到孩子还是老样子，就忍不住怒火攻心，恶语相向了。怎样避免这种情况呢？很简单，当你觉得自己在气头上的时候，就忍住怒气，离开孩子。当你有意识地躲避孩子，就会少说很多令他伤心的话。这也是一个无可奈何的解决方法。

在家庭教育中，教育者的心态和教育的出发点直接影响着教育结果。因此，不要因为他是你的孩子，就蛮横地在众人面前使他的缺点一览无余，或是因为无法掩饰你愤怒的情绪，无辜地伤害孩子。孩子的自尊心有时是透明的玻璃物，碎了就很难黏合起来，伤害是永远的。爱孩子，就要真正地为他着想，停下嘴中的不满，尤其在众人面前。即使孩子在众人面前犯了错误，妈妈也要先维护住孩子的"面子"，等到没有人的时候，在私下里心平气和地指出孩子错误的行为。这既保全了孩子的自尊，也会让孩子更容易认识到自己的错误，接受妈妈的批评。

让孩子尝尝"自作自受"的后果

18世纪法国教育家卢梭认为："儿童所受到的惩罚，只应是他的过失所招来的自然后果。"这就是卢梭的自然惩罚法则，是世界教育史上的一个里程碑。

所谓自然惩罚法则，就是让孩子学会为自己的行为负责，让他尝一尝"自作自受"的滋味，强化痛苦体验，从而吸取教训，改正错误。例如，孩子不爱惜家里的东西，总是会弄坏一些东西，一次他把吃饭坐的椅子弄坏了，那么家长就不妨毫不留情地让他连续几天站着吃饭。简而言之，自然惩罚法则的关键就是让孩子感到受惩罚是自作自受，是应该受惩罚的。

一个孩子很任性，动不动就摔东西来表示自己的"抗议"。一天，因为妈妈没给他买他想吃的东西，他就把一件新玩具摔坏了，把一本书撕烂了。妈妈更是"强硬"，马上宣布一个月之内不再给他买新玩具和书，一个月后若他还没有改正的行为则继续延长惩罚时间。

英国教育家斯宾塞曾断言："真有教育意义和真正有益健康的后果，并不是家长们自封为'自然'代理人所给予的，而是'自然'本身所给予的。"自然惩罚实际上是自然后果带给孩子的惩罚，这种教育方法可以很好地避免孩子任性和依赖。

让孩子接受自然惩罚有三点好处：

首先，它是完全公正的。几乎每个孩子在受到自然惩罚时，都不会感到委屈，因为那是他自己造成的；如果受到人为惩罚，孩子们多少会有委屈感，因为人为惩罚常常会被放大。一个不爱护衣服的孩子把衣服弄脏，按自然惩罚的原则，只是让他接受洗衣服的苦头，而孩子则会把这里的原因归结为自己的不小心。相反，如果大人去责骂、体罚孩子，孩子则会觉得不公。

其次，它可以使孩子和父母避免冲突、减少愤怒。但凡认为惩罚、责骂孩子，父母和孩子往往都会生气、愤怒。但是在自然惩罚下，亲子关系因为比较亲切、理性而会联系得更紧密，亲子关系不会受到任何影响。

再次，它可以明确孩子的是非观念，强化孩子的责任心。责任心是一个人在社会中发展必不可少的品质，是孩子健康成长的基石。从小就有责任心的孩子，长大了才能对自己所做的任何事情负责任，才会成为一个站得正、行得端的堂堂正正的人。

不过，让孩子接受自然惩罚，妈妈必须明确的一件事——惩罚不是体罚。这也就是说，当孩子做出过失行为并造成自然后果时，你需要分析这种自然后果是否会伤害孩子的身体健康。如果这种后果已经对孩子的身体健康造成伤害，那么就会失去教育作用。

当孩子做出一种行为时，妈妈可以帮助孩子分析这种行为可能产生的后果并告诉他。如果孩子坚持做出这种行为并产生不良后果时，妈妈不必给孩子讲道理，让孩子顺其自然地接受后果，自己去处理他造成的烂摊子。但是，在孩子处理自己的烂摊子时，妈妈在一旁冷眼旁观即可，而不能添油加醋地嘲讽，否则就不利于孩子正视自己的行为，甚至还会变本加厉地重复错误的行为。

再有，每个孩子都有不同的个性特征，在实施自然惩罚时，妈妈还是应该有所区别。比如有的孩子对自然惩罚满不在乎，抱一种无所谓的态度：玩具坏了不给买，我不玩；衣服撕破了不给换，我就穿破的。如果是这类孩子，那么自然惩罚对他是产生不了刺激作用的，所以妈妈也没有必要采用这种教育方法，而应当换另外一种行之有效的办法。

先订好规矩，然后再惩罚

余航的父母规定儿子写完作业晚上出去必须在10点之前回来，余航一直也遵守得很好。一个仲夏的夜晚，余航和几个同学在街心公园的草坪上，弹着吉他唱着歌，不知不觉地就到了11点，等余航知道时间时，已经过了爸爸妈妈规定的时间很久啦！这时，有的同学说："我们又没做坏事，回去晚怎么啦，没关系的。"有的同学说："既然定了规矩，就要遵守，还是赶紧回家吧！"余航也觉得应该遵守约定，可是又怕爸爸妈妈责备自己，就找了一个长凳子从后窗翻回了自己的房间。第二天早上，余航怀着忐忑不安的心情走到早餐桌旁，等待着暴风骤雨的来临，没想到，爸爸只是说了一句："你已经长大啦，要做一个守信的人，既然定了回家的时间，怎么能不遵守呢？再说，你这样做很危险，不光你可能会摔伤，而且如果别人发现有人在跳窗户，有可能会报警。"原来爸爸早已从余航的神情上，知道他已有悔意。余航的脸红红的，知道自己这次错啦，心中暗想，下次再也不这样做了。

说起来规则好像是在限制人，实际上规则有它的另一面，它在保护人。孩子的好多安全感都是来自规则的。人人都是这样，如果你到一个非常没有限制的环境里面，你会不知所措。实际上，我们教育孩子的目的不是为了惩罚孩子，而是为了孩子能够健康成长。

孩子还不够成熟，对很多问题的认识还不到位。孩子的成长需要成人的提示，需要成人的限制和成人设定的界限。这是孩子懂得规矩和建立安全感的需要。父母对孩子采取一定的措施，制定相应的规则，来规范孩子的行为是必要的。

孩子需要理解他们周围世界的规则。他们需要别人对他们的期待：他们和别人怎么相处。他们能够把一件事做到什么程度，如果他们做得过头了，会发生什么。随着他们一天天长大，他们需要用一些方法来衡量自己不断增长的技巧和能力。规则在他们"学习——发现"的过程中起着极为重要的作用。但是，如果父母的信号不明确的话，父母一心想教给孩子的东西很容易不起作用。而孩子可能偶尔要越过栅栏，所以在孩子违规以后，有必要对其实施小的惩戒，当然惩戒措施也有必要和孩子协商。

像余航的父母这样就很好，先讲明规矩，再惩罚，能让孩子更清楚地意识到自己的错误，既明白自己错在哪，又知道以后要怎样改进。

在我们教育孩子时，关于这个规则我们更应该注意些什么呢？从某种意义上讲，我们可以把规则比喻为"红绿灯"。

我们知道，"红绿灯"是一个城市交通的指挥者，如果没有红绿灯的控制，整个城市将陷入一片混乱状态。人也是这样，从小对他的行为建立一套"红绿灯"系统，让孩子明白什么是该做的，什么是不该做的，从小在孩子心中树立这些原则和标准，绝不能随意突破。

在立规则时,应注意以下几点:

(1)给孩子立规则要信号明确

给孩子树立规则,一定要简单易懂,让孩子容易遵守。立规则的时候最好能把孩子不遵守规则的后果明确告诉他。

(2)立规则,要把道理讲清楚

立规则,要把道理讲清楚,而不是简单粗暴地命令孩子,更不要摆出强权嘴脸——"你听我的!我说了算!"不要以为孩子小,什么都不懂。你讲的道理也许他一时不能够完全领会,但是你平和的语气和尊重他的态度,却会让他信任你的判断,顺从你的要求。

(3)遵守规则要一以贯之

立下的规则,无论时间、地点、场合,都要遵守,比如:在家不许随地吐痰,在外边也不许。而不是今天这个样子,明天那个样子,在家一套,外边一套。这样只会让孩子糊涂,无所适从。

还有一点需要注意:所有的规则都不仅仅是立给孩子的,父母也要严格遵守、以身作则。

掌握好批评的时机

某校有一个四年级的孩子因上课调皮被老师打了一下,不过老师马上醒悟过来,当着全班同学的面道歉,还打电话给孩子母亲,告诉她事情经过。第二天是休息日,孩子跑出去玩了一天。这位母亲知道可能是孩子心里不好受,但又觉得老师道歉了,还能怎么办呢?又怕提起来孩子难过,就没有和孩子彻底沟通。后来,孩子虽然每天照样上学。可是渐渐地,孩子出去玩的时间越来越多,并且不愿上学。母亲这才觉得事态的严重,想和孩子谈一谈,谁知刚开了一个头,孩子就歇斯底里地哭叫道:"别说了,别说了!"

对孩子进行批评要恰当,如果不恰当,后果是十分严重的。什么是教育的有利时机? 这就是说当一件事发生后,就应立即教育,而不能拖延时间。 上面事例中那孩子被老师打后心里不痛快跑出去玩了一天,母亲知道这一情况后,没有立即抓住这有利时机对孩子进行教育,而是"犹犹豫豫"过去了。 后来发现问题严重了,再想进行教育,已经迟了,孩子已不愿接受教育了。 孩子、老师、家长都在无心中错过了教育和被教育的好时机。

批评是一门艺术,采取简单的方法是不行的,这一点大家都一定有真切的感受。 如果曾有让你认可的批评,那一定是掌握好了时机与技巧的批评。 为什么不能这样来对待孩子的过失呢? 巧妙的批评才能在伤害最小的情况下取得最大的效果。

孩子出现错误,是很正常的,我们指出错误,也是很正常的。 可是往往我们有些家长孩子出现问题平时不说,最后秋后一起算账。 孩子一旦有个问题,一边说着"可气死我了",一边借机把陈芝麻烂谷子一起说出来,把孩子说得一文不值,狗屁不是。 要知道,教育孩子不是要出气啊,否则你的气是出了,孩子却往往更难以管理了。 所以,这就要求我们把批评当手段,不能当目的! 孩子出现问题,就事论事,温和指出,因势利导,改掉就好。

批评是爱护的一种表现形式,是家长常用的一种方法。运用批评要沟通情感、提升自尊、树立信心、解决问题,从而达到家长和孩子双赢的目的。因此,批评时机的选择要正确。下述几种情况不宜批评孩子:

(1)未弄清事情的根由时

听到或看到孩子有失控行为,家长往往会非常气愤,觉得无论从丢自己的面子,还是违背社会公德讲,该孩子都应受到痛斥和处罚。于是马上对孩子劈头盖脸狠批一通,结果,孩子要么梗起脖子顶牛,要么流着眼泪抱屈,从此萎靡不振,甚至将记恨埋在心里。这样的批评,家长当时就解决了,可隐患也留下了。

(2)另有急事要处理时

当有急事要处理而孩子又有了问题时,家长往往心绪烦乱,希望快刀斩乱麻,简单罗列他的"罪状"后,再给个警告"你好好反省,等我回来再跟你算账",然后甩手走了。孩子羞愧恐惧,身心颓唐,与家长成见日深,仓促批评引发了家长与家长、家长与孩子的长期矛盾。因此,在自己有急事顾不过来时,千万不要草率批评孩子。

(3)没弄清楚孩子心态时

有了过错,孩子一般会产生四种类型的心态:第一种是满不在乎,认为反正父母不喜欢我,我说什么父母也不会相信,豁出去了。在这种心态下,他斜着眼望天,虽不申辩,但也根本听不进去。第二种是诚惶诚恐,反复自责,不知所措,感觉从此完了，父母肯定不喜欢我了。在这种心态下，家长的指责无疑是雪上加霜。第三种是胸有成竹，心里已竖起了好几块挡箭牌，找出好几条开脱理由，甚至约好了证人。这时的批评不但无力，而且会让孩子感觉可笑。他会以胜利者的姿态炫耀自己、贬低家长。第四种是含冤抱屈，主观上不愿做错事，而在特殊情况下犯了错，心中既懊恼又委屈。如果家长不问青红皂白数落一通，孩子有口难辩，又无力找出自身存在的不足，下次就难免有意做错事气家长，因此在不了解孩子心态时，运用批评会是无效甚至负效的。

（4）发现孩子重蹈覆辙时

以前曾犯过类似的错误，这次重犯，原因可能是积习难改，也可能是家长处理不当或没有从根本上解决。如果家长不做自我反省，以为强调孩子不可救药，那么成见就会像火山一样压碎一颗未成熟而单纯的心灵，家长的形象也在他心里打了折扣。孩子的病症在哪里？你的药方是否对症？哪一味有效药要继续对症？哪一味无效药必须更换？用药的剂量如何？用药的时机如何？怎样让孩子相信你这服药是良药？这些都是需要家长认真思考的问题。孔子说："学而不思则罔。"书本上学到的理论必须经过脑力激荡才能运用于实践，在管理孩子的实践活动中必须多思多想，才能化难题为奇迹。

（5）未理清解决问题的思路时

家长在谈话前应考虑如何公正评价孩子的行为，通过什么途径来化解目前的矛盾，通过谈话希望达到什么目的，如果这一切你都没有想好，就不要去贸然批评，否则越批评越会使孩子反感。要想尽快找到做好孩子思想功过的灵丹妙药，家长必须多学习教育理论,以与时俱进的态度掌握教育规律,掌握基本的适用于现代孩子的德育方法,以便在运用批评时运筹帷幄,稳操胜券。

(6)对面没有空座位时

绝大部分家长跟孩子谈话时都是一种居高临下的态势。不仅让孩子站着,多数情况还要两手下垂,双脚并拢,头颅低垂,表情做沉痛状,更甚者还会推几下,这种态势让孩子相信家长"都是为你好",恐怕很难。要想孩子接受家长的教导,不如从根本上改变对孩子的态度,像朋友似的让孩子在对面坐下来,这样,不仅不会降低家长的身份,而且从一开始就拉近了情感距离,消除了孩子的抵触情绪。家长也会在无形中放缓语气,使语言具有平等性和可接受性,使家长和孩子的情感都得以提升。所以,家长在批评孩子前应该虚位以待。要从孩子一生受益的角度用好批评,必须策划好批评的时机和方略,前瞻到批评的效果,使家长和孩子在和谐的氛围中彼此相宜、共享快乐。

保护好孩子的自尊心

自尊心是人格里一个很重要的方面,可以说,一个人的自尊直接决定他的未来。历史上那些成功人物虽然都有不同的个性,不过分析其共同点,会发现他们的自尊意识都很强。因此,孩子的自尊心必须得到最周到的保护。

但是，父母有时会在无意间伤害了孩子脆弱的自尊心。有个孩子天生五音不全，他的歌声就像锯木头。有一次，班里举行唱歌比赛，他在家里练习。母亲很烦躁地说："你这是唱歌么，简直就是在制造噪音！"虽然妈妈是无意说出来的，不过彻底让孩子放弃了唱歌，而且开始害怕上学。

还有一种情况，那就是父母总是觉得孩子什么都弄不成功，不管什么事都帮孩子做。常见的就是同学来找孩子玩，母亲擅自做主说："看书，不去。"从来不考虑孩子的意愿。

小孩子也有自己的面子，母亲的行为让孩子在同学面前彻底颜面扫地。孩子进入校园后，就开始有自己的生活圈，有自己圈子里的人。在自己的世界里，我们都是独立的，孩子也不例外，他们是自己的国王，可以不受父母的控制。为了让自己有面子，孩子有时会故意不听话。母亲在孩子的朋友面前对孩子颐指气使，无异于向孩子通告他还没有独立的信息。如果同学们发现某人没有自主权，就会渐渐疏远他，不再接受他。这对孩子未来的发展影响不好。不过，父母一般都意识不到孩子的这种行为，这样会让父母和孩子直接产生隔阂。

古今中外公认的道德规范都要求孩子尊重父母。但是，要知道尊重是互相的，在尊重面前人人平等。父母是长辈，孩子是小辈，传统的观念更强调孩子是必须要尊重父母的，其实互相尊重是必需的。孩子一旦到一定年龄，就开始想要独立了，特别是上了中学后，独立的概念会出现在孩子的心理上，对社会上的事也开始有了自己的判断标准。对于孩子的想法，只要不触犯原则问题，父母就应该尊重。

父母会因为孩子在外面受了委屈而愤愤不平。不过，在平淡的生活中，有时父母无意伤害了孩子的自尊，自己却没有发现。小孩子在家里难免乱拿乱放，很多时候用过了，却忘记放回原处。所以，有时父母急需那个东西，找不到就会询问孩子。假如孩子真的拿了，父母一问就能立刻找回来，那固然很好；不过如果孩子没有拿，面对父母的一再追问和埋怨，孩子的心理就会被阴影所笼罩。

孩子都是充满好奇心的，认为大人的世界都是新鲜的。在爸爸不在的时候，孩子会偷偷拿他的钢笔做功课；当妈妈不在的时候，会偷偷穿妈妈的高跟鞋。一旦发生这些事，父母的头脑里就会产生条件反射：只要有什么东西找不到了，那就一定是孩子拿走了。

如果孩子说没拿，家长反而会觉得是孩子在说谎话，在某种程度上说，这就是人格侮辱，会让孩子伤心欲绝。不过家长却注意不到这种情况，更不可能感到孩子的痛苦和伤心，甚至还以为自己是正确的。过了几天，自己无意间在另一个地方发现了要找的东西，才突然明白，是自己错了。

这样的情况，在很多家庭中都常常发生，但都被父母忽略了。这种无意的举动，不仅会伤害孩子幼小的心灵，更会让父母和孩子产生隔阂。因此，父母一定要学会尊重孩子的自尊心。

又如，孩子做题的时候稍一马虎，考试中就会出现低级的错误。妈妈看到孩子连如此简单的试题都答错了，会感到极度的失望。可能会说："你脑子里到底装的什么东西！这么简单的题都做错！"有时为了让孩子受到刺激，还故意辱骂说："真是白让你长这么大了！你还不如小学一年级的学生呢！"

当然，这些话是为了让孩子面壁思过，从而产生奋起直追的决心。不过，这种话对孩子却不会起到任何有利的效果，最多也只能是刺痛他一下，距离他幡然悔悟还很遥远，也不能使他认识到自己的不足。

每个孩子都希望得到父母的夸奖，希望父母觉得自己是有所作为的人。父母责骂"你真是笨死了"，其实是在说"你真不是学习的料"，这只会让孩子失去信心。按说，当有人责骂孩子"你真的无药可救"时，作为父母应该第一时间站出来鼓励支持自己的孩子："妈妈相信你，只要你努力了就一定可以的。"而且事实也是如此，无论外人怎样贬低，只要父母永远承认并相信孩子的能力，对孩子不断进行支持和鼓励，孩子就不会沉沦下去，不要低估亲情的力量。

但是，假如父母最先否定孩子，孩子便会真的开始怀疑自己的能力，最后会变得没有信心，什么事都做不成。此外，讽刺话更不是随便说的。本来对父母依赖性很大的孩子，需要父母的催促才去做作业，还要家长喊着去做事。后来孩子因为某种原因改变了这种现状，开始主动学习，主动帮父母做家务。妈妈感觉很吃惊，无意识地说"哎哟，这是地球不转了吧"，或"今天是什么日子，怎么变得这么勤快啊？"

妈妈本来想表达自己的开心，但是由于感到意外，说了这种不着边际的话，会伤害到孩子的自尊。有句俗语这样说："说者无心，听者有意。"碰到上述情况，父母应该看到孩子的长处，而孩子听到激励他们的话语，内心会形成良性的自我意识，慢慢地，自信心也会越来越强大。

第六章

用心倾听,让孩子说出心里话

坚持让孩子把话说完

情景一：阳阳出生在一个普通的知识分子家庭，从小爱撒娇，对周围的事物特别敏感，自尊心很强，一旦被人奚落，马上就会哭鼻子。在学校一挨老师的批评，就难过得受不了。阳阳上小学二年级时，一天放学回来，往沙发上一靠，撅着小嘴，看起了电视。妈妈问："阳阳，你看电视，作业做了没有？"阳阳大声嚷道："我不想做。"一副很生气的样子。妈妈心想：这是什么态度？怎能这样对妈妈说话，我是关心你……妈妈刚想发火，马上又想到了倾听的重要，收起了以往的责骂，和蔼地对儿子说："你现在不想做作业，能跟我说是为什么吗？"

阳阳抬起头看着妈妈说："我们的数学老师真狠，昨天的练习给我打60分，今天在班上还批评了我。"

妈妈本想说："怎么得了60分，你的数学一向都不错啊！到底是怎么回事呢？"但是妈妈忍住了，说："他真的给你60分吗？"

"是啊！他说我的作业太马虎、太乱，他看得头痛。其实我的答案都是正确的。"阳阳一面说，一面又把目光移向电视画面。"数学老师实在有点懒。"阳阳接着说。妈妈想要训斥孩子，但还是忍住了。她说："这次你如果把作业写得工整一点,老师可能还会在班上表扬你呢!"阳阳说:"嗯,贝贝这次就被表扬了,我以后还是要将作业写得工整一点才对,我也会被表扬呢!"

情景二:艾云今年上初一了,在小学各方面都很出色的她,上了初中后觉得自己只不过是很普通的学生。她的学习成绩一般,各项能力也不突出,在班委的竞选中还落选了。为此,她心里很痛苦。

回到家后,艾云想和妈妈说说自己的苦闷,可是妈妈却说自己很忙,没时间听她说。吃过饭,女儿还是想和妈妈谈一谈,这一次,妈妈坐了下来听女儿诉说。

可是刚听了几句话,她就立即打断女儿,开始火冒三丈,还质问女儿成绩怎么会下降,根本就不给女儿说完话的机会。

由此可以看出,亲子沟通不仅要倾听,而且还要有耐心地倾听,阳阳的妈妈让孩子在从头说到尾的过程中宣泄了自己的情绪,还在自己正确的引导下认识到了错误。

孩子心理上对父母还有很强的依赖感,他们希望父母能够倾听自己的心声,分担自己的喜怒哀乐,然后从父母那里得到情感上的安慰。但有的父母可能因为工作忙或是自己也有烦心事,会像艾云的妈妈一样,没有耐心听孩子把话说完,常常会在孩子倾诉的时候随意打断孩子。

时间一长,孩子就会对父母的态度失望,从而封闭自己的内心世界,不和父母沟通,孩子的消极情绪得不到合理的宣泄,积累到一定程度就会变成一种对抗情绪,既不利于孩子的心理健康，又不利于构建融洽的亲子关系。

父母与孩子沟通时，不仅要倾听，还要耐心地倾听。等孩子把话说完，你就会更清楚孩子的心态。因此，父母必须做到下面几点：

（1）长期坚持倾听

倾听孩子说话是一个很长的过程。从孩子降临的第一声啼哭开始，一直到他们长大成人后都要倾听孩子的话。

（2）坚持让孩子把话说完

倾听时，孩子有些话难免会使父母生气，父母一定要克制住自己，坚持让孩子把话说完。

（3）耐心地对待孩子的话题

当一个孩子在父母面前反复说同一个话题时，父母不要认为孩子在重复而显出不耐烦，应该进一步地倾听，很有可能是孩子的某个基本需求没有得到满足，他正在反复强调。

（4）不要打断孩子的谈话

孩子正在绘声绘色地与你交谈时，即使是电话铃响了，你也要坚持听完他的话。否则，事后再问他时，效果就不一样了。

（5）控制自己说话的音量

在倾听的过程当中，孩子就一个问题三番五次地坚持自己的观点，难免会引起父母情绪的改变。这时你要尽量控制自己说话的音量，心平气和地继续倾听和引导。

别让孩子成为"沉默者"

某重点中学一名品学兼优的中学生赵阳,有着自己不为他人了解的烦恼。他痛苦地说:

"我现在在家里扮演着一个'沉默者'的角色。因为我如果不同意爸妈的意见,开口争辩,他们就会说'你才多大?我吃过的盐比你吃过的米还多',或者是'我们是过来人,难道还不如你明白'之类的话。既然他们认为只有'过来人'说的话才正确,我想我也就没有任何发表不同意见的资格了。慢慢地,我不再想和家长交流,有什么都憋在心里,感觉越来越压抑了。"

赵阳同学的情况在家庭生活中很常见,但幸好的是赵阳的自控能力还算不错,没有让在家受的委屈延伸到学习生活的方方面面,还保持着他的品学兼优。 其他孩子就不见得能做得这么好了。 赵阳选择了沉默,他的父母再也不会从他嘴里听到反对的意见了,但,这是教育的胜利还是教育的悲剧?

在这个世界上,只要是人就有发表自己意见的权利,利用家长的优势剥夺孩子权利的人,绝不是一个合格的家长。

因为学历及自身修养的关系,很多父母并不具备客观科学地分析问题与看待人生的能力,他们的一些见解几乎都源自于个人生活的积累,往往更适用于自己生活的小圈子,盲目性很大,自以为是的成分也很多。 也就是说,这些见解根本就不具备权威性和指导性,但对孩子的权威意识却已长到了他们的 DNA 中。在我们很多家长从没有进行过教育方面的专门训练的同时,他们不愿意也很少想到去寻找教育所需要的专门知识,却又都认为自己是这方面的权威,这是一个可怕的现实。

孩子的阅历少,对很多事物的见解当然缺乏父母看问题的全面性,但这并不等于说孩子就没有发言权。 你不让他说话,那你怎么会知道他的意见中有哪些是可取的、哪些是不可取的呢?从而,你又怎么能针对他发表的意见中的不足之处加以引导或启发呢?

换句话说,即便孩子发表的意见是错的,家长也应该和风细雨地与孩子共同探讨,而不是蛮横地断然否决,因为训斥人往往会带来一连串恶果。

人在受到训斥后都会对批评者产生一种憎恨和冷淡的抵触情绪。 如果一味训斥孩子,事后不闻不问,或再指责他几句:"你这孩子怎么听不得一点批评的话?"尤其是对孩子使用一些带有人格侮辱色彩的语言,如:"给我滚!""再也不想见你了!"等等。 这如同火上浇油,孩子的抵触情绪会逐渐加重,更不可能去亲近父母。 所以,我们应注意以下几点:

(1)孩子最需要的是尊重

在一个一切都是大人说了算的家庭里,孩子的地位无疑是最卑微的。 孩子既然觉得没受到父母的尊重,当然不会采取合作的态度。

(2)创造开明的家庭民主气氛

家长要创造开明的家庭民主气氛，与孩子直接讨论问题，让孩子尽可能多地发表意见，重视孩子的每一个提问。

（3）引导孩子说说自己

孩子不愿意和父母交流，甚至不愿意和父母在一起，很大原因是父母对他的任何事情都要干预，如果无意中说出了让父母不满的话，肯定会招致严厉的批评和干预，在这种情形下，谁都会采取不说话的方式，这样对于自己是最安全的。所以父母应该让孩子说说自己，即使孩子说出的事情父母也许难以接受，父母也要耐心倾听，如果发表意见最好也是说正面意见，让交流有一个良好的开端。

妈妈要做孩子最忠实的听众

有一位女士，为了能让自己专心地工作，她把自己3岁的儿子送进幼儿园全托班，每周只接一次。有一次，孩子从幼儿园回来，对她说："妈妈，我知道你很忙，没时间在家陪我，可你能不能把我转到每天都能回家的幼儿园？"这位女士没能满足孩子的请求，她和丈夫常常出差，没有时间照顾自己的孩子。每次孩子回家，总是兴致勃勃地给妈妈讲幼儿园里的事，不管妈妈爱听不爱听。儿子需要的是一个忠实的听众，而妈妈是最合适的人选。遗憾的是，开始这位女士没有意识到孩子的这个需求，总觉得听孩子说话，浪费了自己写稿子或思考的时间。所以，每次孩子和她讲话，她总是做出很忙的样子，眼睛左顾右盼，手里还不停地翻动着书报。没想到，这位母亲的"忙碌"给孩子的语言表达带来了障碍。由于孩子是一个思维能力很强的孩子，为了在有限的时间里把话说完，他就讲得很快，慢慢地变得讲起话来结结巴巴的。这引起了这位女士的注意，她开始注意改变自己，尽量抽出空来，倾听孩子的讲话。渐渐地，儿子竟成了这位女士学习儿童语言的老师。是孩子把她领入了奇妙的儿童世界，使这位女士后来对儿童教育工作达到入迷的程度，也使她学会了怎样用心去读懂孩子。

从上面的故事可以看出，聪明的父母在孩子面前不是做一个高明的演说家，而是做一个忠实的倾听者。

如果你发现自己的孩子不爱说话或说话紧张，甚至听你讲话时漫不经心，你就应该意识到，你陷入了"不会做孩子听众"的误区。作为孩子的第一任老师，父母必须马上改变自己，否则父母会后悔终身。

当你成为一位非常好的听众时，便是你成为高明的说话者之时，你也就具备了成为孩子们喜欢的好朋友的条件。你的倾听会使未成年的孩子从小学会以平等与尊重的心态与人建立联系，会使孩子觉得自己很重要，利于孩子学会独立思考。当你的孩子长大成人，像山一样站在你的面前，你需要仰视他时，他仍然会习惯地俯下身来，像小时候你对他那样听你说话，跟你谈心。那时，年迈的你会从内心里感到做父母的宽慰和满足。

也许你会发现，不论孩子的话题多么简单，如果你想要表现出倾听的姿态，那么孩子也会自然而然地愿意把心里话都出来。如果你总是沉着脸，一言不发，一副漫不经心的样子，就会令孩子十分失望。慢慢地，他也会养成对什么事都不关心的毛病。那些在课堂上发呆、不爱发言的孩子，幼年时可能就缺少好的听众。孩子从小没有感受过自己语言的魅力，必定会对自己的语言表达能力失去应有的信心。

父母是孩子最好的老师。而语言又是早期教育最重要的环节。如果您想让孩子成为最了不起的孩子，那么，就从倾听孩子说话开始吧！

妈妈要表达出倾听的兴趣

情景一：盈盈是个优秀的孩子，她有一个幸福的家庭。爸爸是个医生，每天工作繁忙，照顾女儿的责任主要落在妈妈身上。妈妈是个细心的人，每天盈盈放学回家，吃完饭，写完作业，母女俩都会有雷打不动的一小时谈话时间。

在这一个小时的时间里，盈盈告诉妈妈学校里的各种事情，如老师的脾气个性、同学的趣事、学校的活动、学习上的喜悦和烦恼，还有自己心里的各种情绪体验等，在这个过程中，妈妈对盈盈的话总是表现出极大的兴趣，与盈盈一起感受与经历。

若是盈盈有什么问题想得到解决的办法,妈妈也不会马上说应该怎么办,而是与盈盈一起讨论、商量,引导盈盈自己想出办法。这每天宝贵的一小时,从盈盈上幼儿园到中学,从未间断过,伴随着她度过了宝贵的成长阶段,也营造了和谐的亲子关系。

情景二:婷婷特别愿意与妈妈谈话。因为妈妈每次与婷婷说话时,都让她靠近自己坐下,握着她的手,以关切的眼神,前倾的姿势,微笑的表情,鼓励她完整地说出事情的经过,而绝不随意打断她的话题。在婷婷伤心落泪时,妈妈便递过手绢或纸巾,然后把婷婷轻轻搂在怀里,抚摸她的头发,或拍拍她的后背。这时,婷婷便感到无限温暖,所有的烦恼都消融了。

盈盈和婷婷的妈妈都是非常优秀的倾听者,她们的成功之处就在于对孩子的话表现出了极大的倾听兴趣,能够引导孩子向自己述说。

因此,倾听时,父母要认真注视着孩子的眼睛,仔细听孩子说话,同时关注孩子的表情,向孩子传递"我正在听"的信息。必要时,抚摸、拥抱等身体接触,更能让孩子体会到父母对自己深切的爱,从而使孩子更主动、更自信、更流利地表达自己的内心感受。

父母只有表现出倾听的兴趣,孩子才会有兴致说出心里的话。那么,当孩子开口说话时,父母应该怎样鼓励孩子继续说下去呢?

（1）做好倾听孩子说话的准备

加强和孩子的沟通，倾听孩子的心声是为人父母最重要的事情。所以，当孩子想要和父母沟通，并诉说一些事情时，父母应该将此事立刻提升为当前最重要的事情，不管是正在看喜爱的电视节目还是与别人聊天，也不管是在做家务还是工作。

当孩子要对父母诉说什么时，父母应该停下手中的事情，和孩子一起坐下来，全神贯注听孩子说话。这不仅是对孩子的尊重，也能为亲子沟通构建良好的情境。除此之外，父母不要制造沟通"墙壁"。如用手捂着嘴巴，两手抱着胳膊，或翻看着书。这些举动对孩子来说，都是一种障碍。因此，父母最好在亲子沟通中，用眼睛注视着孩子，微笑着静静听孩子倾诉，同时应该给予孩子无条件的积极关注和充足的沟通时间。

（2）父母可以通过眼睛来表达倾听的兴趣

在孩子说自己事情的时候，父母应该睁着眼睛非常好奇地、有兴致地看着他们，并且很自然地传递你的兴趣和愉悦。切忌东张西望，或者眼光游离不定地注视周围的事情。

（3）父母可以通过语言来表达倾听的兴趣

在倾听孩子谈话的过程中，父母可以用简单的诸如"太好了""真是这样吗""我跟你想的一样""你的想法太好了，继续说""我简直不敢相信"等话语来表示你的兴趣。

除此之外，父母对孩子所谈话题的兴趣还可以用参与谈话的方式传达，而且参与孩子的话题更有利于引导孩子。其实，父母也不能全停留在单纯地倾听孩子诉说了一些事情的经过和想法上，还应帮助孩子解决事情中的问题。

当然，这时父母仍不要用自己的嘴巴给孩子提出指导意见，最好的办法是让孩子自己进行分析和判断，而父母依然扮演一个倾听者的角色。

（4）父母可以用表情表达倾听的兴趣

在与孩子沟通的时候，当父母觉得不便用言语表达时，可以采用表情来反映自己的兴趣。比如：保持微笑，并常常做出吃惊的样子。孩子最爱吃惊，用大人的话是"大惊小怪"，他们希望看到大人对自己所说的事情表示出吃惊的表情。能把大人吓住，说明自己很有本事。

父母可以通过声调变化、身体姿态变化和面部肌肉运动这三种表情的整合活动来实现信息传递和达到成功的亲子互动。

父母采用言语表情传达兴趣时，可以采用多种具体的方式。比如：重述孩子刚才诉说过的话。如："你觉得小琴作为你的好朋友在同学面前说你的坏话，你无法理解，是吧？"父母可以揣测孩子诉说中的情绪与情感。如："妈妈看得出来，你谈到这些事情至今还很生气。"父母可以认同孩子的感受，如："看来你对自己的成绩很不满意。你觉得自己完全理解了课文，但因为粗心大意丢了不少分，这让你很自责。"父母可以启发孩子继续说下去，如："你就是因为这个事情生那么大的气啊？那么，你当时冲他们发火的时候，他们有什么反应啊？"

除此之外，言语表情还包括声音的语调、语速、节奏等。父母在和孩子沟通的时候应该克服以下毛病：语调过高、声音微弱、粗声粗气等。

另外，父母还可以用面部表情来传达自己的兴趣。在通过言语表情、身段表情和面部表情3种形式来传递信息和实现成功的亲子互动中，只有面部表情所携带的信息具有特异性，因此，父母的面部表情在亲子沟通过程中起到主导作用。

如果孩子谈一些非常好奇的事情，父母应该不断表现出惊奇的表情，让孩子感知到父母的兴趣；如果孩子谈一些伤心的事情时，父母也应该在内心体验到孩子的伤感，并用面部表情表露出来；如果孩子谈一些非常愉快的事情，父母应该开心地倾听孩子诉说，并用愉快的、眉开眼笑的表情传达自己的情绪信息。

让孩子学会表达爱

每个父母都爱自己的孩子，恨不得把所有的爱全部倾注在孩子身上，但父母在付出爱的同时，忘记了教会孩子如何表达自己的爱，而不是一味地只知道给予。爱是相互的，父母爱孩子就要把自己的爱以适当的方式传递给孩子。让孩子学会表达爱也是爱孩子的一种方式。

一位妈妈曾向教育专家倾诉孩子不知道体谅自己的辛苦：

> 儿子今年13岁了，从他小时候起，每天我都很辛苦地为他做事，从日常生活的饮食起居，到学习辅导、兴趣培养，都由我一手打理。可是孩子却很冷漠，对我所做的一切毫不领情，我有时抱怨他不知体谅我的辛苦，他反而不耐烦地说："是你自己愿意做的，又不是我让你做的。"我既生气又寒心，孩子怎么不知道感恩呢？

在现实生活中，有许多父母有类似的困惑：为什么我为孩子做了那么多，孩子却没有心存感激呢？究竟父母应该怎样做，才能让孩子学会感恩呢？父母仅仅爱孩子是不够的，在父母为孩子付出一切的时候，如果没有把爱以适当方式传递给孩子，孩子内心便无法真正感受到父母的爱。孩子不感恩，有很多原因，妈妈可以试图让孩子学着爱人，给孩子表达爱的机会，让孩子渐渐明白父母是如何爱自己的。

为此，父母一方面要引导孩子表达爱，另一方面要对孩子的爱给予积极的回应，使孩子感到他们的爱是父母生活中的一种力量。比如，孩子的爸爸过生日，妈妈可以与孩子一起为他精心准备礼物，做一顿丰盛的美食，孩子可以从中学习如何表达爱。爸爸感动于母子两人的爱心，流露出激动与喜悦，会使孩子得到鼓励和信心。英国教育家夏洛特·梅森认为每个孩子心中都有一口爱的源泉，它唯一的事情就是流淌，而在父母这方则要保持体贴、友好、感恩、孝顺、奉献这些渠道不封闭、不阻塞，而且永远向前流动。让孩子感觉到他们每一次爱的流露所创造的喜悦，从小在家庭中培养感恩之心。当孩子学会对父母心存感激之时，才会把这种情感扩大到他人与社会。

爸爸妈妈让孩子学会表达自己的爱，就要通过自己以身示范如何爱人。

第七章

这样说话，孩子才会听

真诚地和孩子交流

有一个小男孩,由于母亲不再给他零花钱了,没钱去打游戏,所以对母亲很有怨言。母亲说什么他都不听,事事与母亲对着干。这位母亲说:"为了孩子学习、生活得愉快,我经受的艰辛都不让孩子知道,没想到他现在这样对待我。"后来,在外地做工的父亲回来了,他把自己的艰辛和经历都告诉了孩子。不久之后,妈妈发现孩子竟然变乖了许多,问孩子的爸爸是怎么回事。孩子的爸爸说:"小孩子也和我们成人一样啊,很多问题,你只要去跟他沟通交流,他就会明白了。你以前太缺乏和孩子沟通了!"母亲听了恍然大悟,从此特别注意和孩子之间的交流,结果,孩子身上许多逆反的行为都渐渐减少了。

如果这位母亲以前就与孩子有真诚的沟通,让孩子了解自己工作的忙碌和生活的艰辛,那么,孩子就可能会理解母亲,改变对母亲的错误态度。

很多父母总是无奈地说,每次和孩子沟通的时候,说不了几句就会吵起来,沟通便很难继续。事实上,在真正开始交流之后,交流双方都应保持理性,并以一种真诚的态度来对待对方。

对父母来说,在与孩子进行沟通的时候,要注意不要一遇到与自己观点不符的时候就以"过来人"自居,全盘否定孩子的思想,强制孩子按照自己的思路行事。

在家庭教育中,真诚的沟通非常重要。父母应当怎样与孩子沟通呢?

(1)要消除对孩子的主观偏见

父母因孩子过去的表现而形成的看法有时会影响对孩子的理解,甚至有误解和歪曲。父母应该注意的是:孩子是发展变化的,要排除主观偏见,耐心倾听孩子的心声。

(2)一定要认真听孩子讲话

在孩子讲话的时候,父母应表现出热情和兴趣,并表现出很愿意和孩子沟通。孩子讲话时,父母要做到不打断、不批评,努力从孩子的立场去理解他们说的内容,使他们感到被理解、重视和接纳。

(3)重视孩子的内心感受

父母要注意孩子内心的需求与感受,体会他们的心声,尤其是苦恼和心理矛盾,积极鼓励他们坦诚地表达自己的想法和感受。父母也需要在沟通中让孩子明白:不赞同他们的某些行为,并不是因为他们的感受不理解、不认同。父母对孩子的感受是否加以认真理解和评价,将会影响孩子今后的发展。

(4)交流时要实事求是

父母无论是批评、表扬或评价,还是谈论家庭和社会问题,都要切合实际,有理有节,不能跟着感觉走,随着性子说。比如,你批评孩子一件事情没有做好时不应这样说:"笨蛋,我已经说过一千次了,为什么还不改?"这就是夸大其词,于事无补。 要运用切合实际、合情合理的沟通方法,培养孩子的理智感、自信心,增强教育效果。

蹲下来和孩子说话

在一个圣诞节的晚上,一位年轻的妈妈带着5岁的女儿去参加圣诞晚会。

热闹的场面,丰盛的美食,还有圣诞老人的礼物……妈妈兴高采烈地和朋友们打着招呼,不断地领女儿到晚会的各个地方,她以为女儿也会很开心。但没想到的是,女儿几乎哭了起来,母亲开始还是有耐心地哄着,但多次之后,女儿干脆坐到地上,鞋子也甩掉了。

母亲气愤地一把把女儿从地上拖起来,训斥之后,蹲下来给孩子穿鞋子。在她蹲下来的一刹那,她惊呆了:她的眼前晃动着的全是大人的屁股和大腿,而不是自己刚才所看到的笑脸、美食和鲜花。她明白了女儿为什么会不高兴,她蹲下来的高度正是女儿的身高。

通过这个故事,我们想到了什么?要去了解、引导孩子,应该蹲下身子,拉近和孩子的距离。 一位从美国费城考察回来的专家,曾经这样深有感触地说过:"美国的父母不像中国的父母偏向吼骂的教育方式，他们和孩子说话时，一定会蹲下来，让自己的眼睛和孩子的眼睛处在同一高度上，然后握住孩子的手，轻声地和孩子说话。他们认为，在蹲下与孩子目光平行的时候，无形中，孩子便会乖乖听话了。"

如果总是站着面对孩子，那么，父母与孩子的距离，就不仅是身高上的差距，同时更是一代人与一代人之间的距离，是一颗心与一颗心之间的距离。蹲下来与孩子交流，对孩子来说是一种极大的关心与理解，是孩子能够接受的一种爱护；蹲下来与孩子交流，孩子离我们的距离就会缩短；蹲下来与孩子交流，是父母关心孩子内心世界的体现；蹲下来与孩子交流，营造出来的是一种民主、和谐的气氛。

我们都知道，只有两端高度差不多，水才有可能在中间的管道里来回流动，如果一端高，一端低，水就只能往一个方向流了。孩子与父母的交流也是相同道理。蹲下来和孩子说话，父母与孩子才有可能平等地交流。

英国教育家斯宾塞曾说过："对孩子训话意味着你要求他绝对服从，让他像你一样思考问题。和孩子朋友式地交谈，意味着大家一起寻找方法解决问题，重新衡量自己的观点，搞清楚究竟谁的更符合实际。"父母总是希望自己的管教能起到立竿见影的作用，可以让孩子下次不再犯同样的错误，可孩子偏偏就是屡教不改，是孩子太顽固了还是父母自身的教育方式出问题了？

其实，只要父母善于与孩子沟通，孩子就会知道，父母是非常爱他的，也是很尊重他的。而通过沟通，孩子就会晓得，哪些行为是对的，哪些行为是不可取的。同时，通过沟通，父母还可以更好地了解孩子的想法和行为动向。

当然,在变流的过程中,父母最好是蹲下身子,近距离接触,两眼直视孩子的眼睛。听完后直接、果断、清楚地向孩子表达自己的意见或思想,如此他才能按照你的想法去做。而且,语气要坚定,但绝不严厉,父母的语气要透露出自己说到做到,并且一定要他照办的坚决。这样,不但可以有效沟通,还可以消磨孩子抗拒或抱怨的情绪。

总之,蹲下来和孩子说话,是增强孩子独立意识的有效方式。蹲下来说话,不仅仅是一种行为的表现,还是一种教育观的体现。只有怀着崇高的责任心和热切的期望才能蹲下来;只有把孩子看作是平等的个体才能蹲下来。只有蹲下来,父母才能平视孩子,才能获得和孩子真正交流的机会,才能真正明白孩子心中所想,以及他们行为的真正动机。

平心静气地和孩子说话

情景一:李芬的女儿今年读初一,在上小学的时候,女儿基本不用父母操心,成绩一直处于中上等水平,虽然不是很拔尖,但也算不错了。李芬感觉很欣慰,与女儿的关系也十分融洽。

女儿升入初中后,李芬担心她成绩跟不上,开始对她严加管教。不让她玩,还经常训斥她。李芬还不顾女儿的反对，给她请了英语家教，每周末都给她辅导英语课。女儿很生气，故意不好好学习，结果不但英语成绩很差，就连其他科目的成绩也开始下降。

不仅如此，女儿的逆反心理也越来越严重，李芬说东，她偏往西，母女俩总是话不投机半句多，说不了两句就会吵起来，李芬和丈夫因为孩子的教育问题也经常拌嘴。

那一段时间，李芬非常痛苦，不知道该怎么办，对孩子说话也越来越尖刻。

有一次，李芬当着女儿的面说："人家怎么能养出那么好的孩子，每次考试都考那么好，我怎么养了个这么笨的孩子？"

女儿大脑反应特别快，立即回了李芬一句说："我怎么遇见了这么笨的妈妈，人家妈妈都是当厂长的，你是干啥的？"李芬听了，嘴张了张，什么也说不出来。

后来，李芬仔细反思，孩子的问题到底出在哪里呢？最后，她找到了原因，是自己对孩子的态度出了问题，自己对女儿越来越恶劣、尖刻。

当即，李芬决定改变自己的态度，对女儿变得温和起来。无论女儿怎么与自己作对，她都用温和的态度对待。

两个月过去了，奇迹出现了，女儿不再和她作对，有什么事情还会主动请教她，也知道关心人了，而且成绩也在逐渐提高。

情景二：崔涵是个7岁的孩子。一天，他正在玩积木，聚精会神地垒宝塔。妈妈见了，却叫他去学习。崔涵玩积木很专心，没有听见妈妈的话。

妈妈生气了，几步走到崔涵面前，伸手推倒崔涵费了很大精力才垒起的宝塔，大声呵斥道："我让你写作业，你没听见啊？"

崔涵被妈妈的举动吓了一跳，看到宝塔顷刻间倒塌，他十分伤心，狠狠地瞪了妈妈一眼，打开门跑了出去。

妈妈赶紧追出来问："你去哪里？"崔涵哭着说："你是个坏妈妈，我不要你了。"

不少父母都像上面的两位妈妈一样，抱有这样的教育态度：孩子是我的，所以我有权利让他听我的，即使严厉训斥他也没有什么错。这是错误的教子理念，父母的权威和尊严不是靠训斥孩子树立起来的。

一味地训斥孩子，可能孩子表面上服从父母的教育，但内心却很不赞同父母的教养方式，不仅会使父母在孩子心目中的形象大打折扣，甚至会让孩子产生严重的逆反心理。

父母觉得只有在孩子面前保持自己的尊严，只有严令孩子，才能"镇住"孩子，孩子也才会听话。其实这是错误的，父母采用这样的方式只会疏远和孩子之间的关系。面对严肃的父母，孩子也不会敞开心扉和父母进行沟通，家庭教育当然也就不会取得理想的效果了。

因此，在教育孩子时，父母要平心静气地说话，尽量避免使用训斥、讽刺的语气，这样既不会损害孩子的自尊心，又不会破坏父母和孩子之间的关系。

父母要学会尊重孩子，站在和孩子平等的地位上与孩子进行朋友似的谈话，即使孩子和自己的想法不一致，也不能一味地严令呵斥，将自己的意识强塞到孩子的头脑中，更不能按照自己的理想去塑造孩子的性格、品质。

（1）不做专制的父母

很多父母在教育孩子时，喜欢用训导的语气，要求孩子做什么事时，更喜欢用命令的语气，他们只关注自己的权威地位，而不考虑孩子的内心感受。专制的父母希望孩子绝对服从自己，可这样父母和孩子之间就称不上沟通了，而是简单的统治和被统治的关系了。

刘婷是初二的学生，性格很内向。其实刘婷幼时是一个活泼开朗的孩子，只是在父母的专制教育下，她的开朗逐渐被内向、懦弱所取代了。

妈妈喜欢安排女儿如何做事，并且口气常常很强硬，刘婷一开口反抗，妈妈就开始居高临下地教育她，有一堆的唠叨等着女儿。久而久之，刘婷也习惯了妈妈对她的专制式管理，变得畏畏缩缩。

孩子的心灵是脆弱而敏感的，父母用训斥的语气、以居高临下的姿态和孩子说话，只会挫伤孩子的自尊心。父母在教育孩子时，要平心静气、和言细语地交流。孩子做错事情的时候，父母要耐心地帮助孩子分析做错的原因，引导孩子走上正确的道路。专制教育之下的孩子，表面上会听从父母的命令，实质上会产生逆反心理，或者和父母对着干，或是形成懦弱的性格。

（2）尊重孩子

青春期的孩子独立意识增强，渴望摆脱对父母的依赖，他们对世界的看法会和父母不一致，一旦不符合父母的想法，父母就会对孩子耳提面命。孩子的社会经验少，肯定会犯这样或那样的错误。父母若不能站在孩子的角度体谅和理解他们，而是一味地训斥孩子，就会对孩子的身心造成极大的伤害。

孩子都希望得到父母的尊重，都想自己的努力得到父母的认可。所以，父母要把孩子当成朋友来看待，尊重孩子的人格和所取得的进步，做好孩子的人生导师。

（3）把孩子当作朋友

父母在对孩子说话时要换种思维方式，把孩子当成自己的朋友来对待。父母很少会对周围的朋友采取训斥的态度，只有把孩子看成自己的朋友，才能保证良好的亲子关系，促进孩子的健康成长。

父母总是把自己置于比孩子高的位置上，习惯于对孩子发号施令，这样，孩子得不到尊重，就不乐意同父母做朋友。父母要尽量用商量的语气和孩子说话，和孩子做朋友，和孩子一起成长。

（4）用请求的语气让孩子帮忙

很多父母有这样的体会，自己想要得到孩子的帮忙时，孩子会表现得不听话或是故意做错。其实这和父母对孩子说话时的语气有很大的关系：父母命令式的语气激起了孩子逆反的情绪，所以孩子不会服从。

赵倩今年上初中二年级了。一个周末，妈妈的朋友要来家里做客，为此妈妈很早就起来打扫卫生、买菜。妈妈突然想起来还没有买酒，但是她自己忙得不可开交，就让正在看电视的倩倩帮她去买。

妈妈以命令的语气要求倩倩去买酒，可是倩倩好像没听见一样坐着不动。妈妈试着换了个语气和孩子说话，她亲切地蹲下来对女儿说："宝贝，你看妈妈太忙了，没法出去买酒，你给妈妈帮个忙，去买瓶酒，好吗？"赵倩看到妈妈的态度，高兴地出去买酒了。

孩子虽然年龄小，但他也有自己独立的人格，他们想得到父母的尊重，而不想父母把自己当成他们的私有品，随意地呼来唤去。父母尝试着用请求的语气和孩子说话，就会收到不一样的效果，沟通的障碍也自然会消除。

针对孩子的个性选择交流方式

媛媛是个性格内向的孩子，平时很少和同学交流，身边的朋友也很少。但是媛媛的妈妈却是一个性格开朗的人，平时大大咧咧的，和孩子说话时也不太注意，于是敏感的媛媛常常会误会妈妈的意思。

比如，妈妈偶尔会说起隔壁的小孩子会帮家里做家务活，媛媛将妈妈的话理解为她喜欢隔壁的那个孩子，而不喜欢她，为此非常伤心。有一天，媛媛给妈妈写了一封信，把自己的心里话对妈妈说了，信里写了她的困惑、不解以及对妈妈的不满。

妈妈看到女儿的信后，恍然大悟，认识到自己教子方式的不妥,决定从生活细节入手,根据孩子的性格教育孩子。

女儿内向,不善表达,妈妈就鼓励她多说话,尽量找她感兴趣的话题,在妈妈的带动下,女儿变得开朗了很多。

考虑到女儿的性格内向,妈妈还特意准备了一个本子,一家人可以将各自想说的话写到本子上。通过纸上的交流,媛媛和父母的感情越来越好了。

孩子之间存在很大的个性差异,每个孩子的个性都是不同的,教育的目的就是要开发每个孩子的差异性、独立性和创造性。父母要根据孩子的个性,选择不同的说话方式,只有这样,才会达到理想的教育效果。

父母是孩子最亲近的人,对孩子有更加深入的了解,因此,在对孩子进行说教时会更有优势,但前提是,父母在了解孩子的基础上,选择孩子喜欢的或是容易接受的说话方式,让孩子能真正听进去父母的话,并将其付诸实践。

很多父母常常抱怨,自己根据教子书上所写的方式与孩子沟通,可是自己的孩子还是不听话。其原因是,这些父母生搬硬套某种教育模式,这是不对的。只有父母的说话方式符合孩子的心理需求和特点,才能更好地激活孩子的思维,发挥应有的教育功效。根据孩子的个性选择不同的说话方式,能够帮助父母有针对性地教育孩子,使得孩子发挥自己的优势,有效地改正自身的缺点。

父母要从孩子的实际情况、个别差异出发,有的放矢地进行教育，使孩子能够扬长避短、获得最佳的发展。孩子的个性不同，父母的说话方法也应有所不同。别人的教子秘诀对自己的孩子或许并不适用，父母要注意活学活用，对孩子进行个性化教育。

由于家庭状况和孩子的实际情况都存在差异，所以，父母要根据孩子和自己的个性特征，选择不同的说话方式，让温暖而有教育意义的话语伴随着孩子的成长。

（1）尊重孩子的个性

每个孩子都有自己独特的个性，父母与孩子说话时要尊重孩子的个性。

孙唯是小学四年级的学生，一直以来都很听妈妈的话，可是最近他不像以前那样听话了，这和妈妈的教育方式有很大的关系。

有一天，孙唯回家后，妈妈用强制性的口气和他说："我为你报了个奥数培训班，从明天开始，你就去参加培训。"妈妈的语气一点商量的余地都没有。孙唯是个很有主见的孩子，看到妈妈的态度强硬，也不好说什么，但是心里始终闷闷不乐。

妈妈发现儿子的情绪不对，耐心地与他沟通，了解了他的想法，最后主动取消了这个培训班。儿子得到了妈妈的尊重，决心以优异的成绩来回报妈妈。

父母要了解孩子，熟悉孩子的个性和爱好，选择适合孩子的说话方式。尊重孩子的个性，可以避免教育的盲目性，孩子会更清晰地认识到自己的特点，更好地发展自己的个性，这会使教育起到事半功倍的效果。

（2）和开朗的孩子共同探讨问题

对于性格外向的孩子，父母可以选择孩子感兴趣的话题，和孩子共同探讨,这样既可以激发孩子的学习兴趣,增加孩子的知识,又可以增进亲子关系的和谐度。

姜涛喜欢玩游戏,已经达到了痴迷的状态,父母为此很着急,害怕游戏耽误孩子的学习。怎么办呢?

姜涛性格很开朗,并且对生物很感兴趣,妈妈决定从这一点入手。

这天,妈妈从图书馆借来了一本关于生物的书,上面有姜涛很感兴趣的恐龙。姜涛看到后,滔滔不绝地向妈妈讲起了他所知道的有关恐龙的知识,这时妈妈恰当地向儿子提出了几个具有争议性的问题,姜涛忘了玩游戏,开始和妈妈查询起那几个问题的答案来,母子俩还时不时地进行热烈的讨论,气氛非常热烈,也很融洽。此后,妈妈不断用这种方式转移孩子的注意力,很快,姜涛对游戏就不那么痴迷了。

在与外向的孩子说话的过程中,父母可以适当幽默一些,要多让孩子说,自己则要耐心听。

(3)用鼓励性的话语对待内向的孩子

内向的孩子生性害羞、敏感,更需要得到来自父母的认可和肯定,所以,表扬和赞美是教育内向孩子最有效的方法之一。对于内向的孩子,父母要学会放大孩子的优点,从身边的小事入手,表扬和赞美孩子。

妞妞今年已经上小学一年级了,可是她不敢和同学交朋友,一和同学说话就脸红,头都不敢抬。妈妈就鼓励她说:"孩子,妈妈知道你心里其实很想和小朋友们在一起玩,妈妈相信,只要你敞开心扉,就会有很多朋友的。"

妞妞听了妈妈简短的话,开始有了一点点自信,觉得自己能够做到这一点，便试着按妈妈所说的去做了。果然，不久，妞妞就有了两个好朋友。随着时间的推移，妞妞的朋友越来越多，性格也越来越开朗。

父母在和内向的孩子说话时，要用柔和的语气，使孩子的情感得到保护，但是父母也要把握好尺度，不要让孩子滋生骄傲的心理。

（4）根据孩子的承受能力选择说话方式

有的孩子心理承受能力强，父母选择何种说话方式，他都能接受；而有的孩子心理承受能力较弱，自尊心较强，对于这类孩子父母就要选择委婉的说话方式，以保护孩子的自尊心。

严青是个心理承受能力很弱的女孩，妈妈一句不经意的话，就会让她纠结很长时间，妈妈觉得这样下去，对孩子的成长是不利的。

于是，妈妈开始注意自己对女儿的说话方式，在女儿心情不好的时候，妈妈会采用委婉的语气说话，而在孩子心情好的时候，妈妈有时会说些语气较重的话，以此来锻炼孩子的心理承受能力。

只要父母根据孩子的个性，选择适合孩子的说话方式，孩子就会乐于听从父母的教育，教育也会达到更好的效果。

用讲故事的方式与孩子交流

伟伟是个属鼠的孩子,由于他连续两次在考试中得了满分,不免有点飘飘然起来,今天说小明是笨蛋,明天说小刚是弱智,只有自己才是天才。于是,妈妈便给他讲了下面的故事:

"有只小老鼠外出旅游,恰好遇见两个孩子在下斗兽棋,小老鼠就悄悄走过去看,结果发现了一个大秘密:尽管兽棋中的老鼠可以被猫吃掉,被狼吃掉,被虎吃掉,却可以战胜大象。于是,它由此认定,只有老鼠才是真正的百兽之王!这么一想,小老鼠就得意起来,从此以后,它既瞧不起猫,又看不起狗,甚至还拿狼开心。有天居然还大摇大摆地爬到老虎的背上去了,恰好老虎正在打瞌睡,懒得动,小老鼠于是更加得意忘形,它趁着黑夜钻进了大象的鼻子,大象觉得鼻子痒痒的,就打了个喷嚏。小老鼠立刻像出膛炮弹似的飞了出去,飞呀飞呀,飞了好半天,扑通一声掉到臭水坑里!孩子,'自''大'加一点就是'臭'。今年是鼠年,你这只小老鼠会不会也掉到臭水坑里呢?要想不会,就必须遵守一个前提,这就是永不骄傲!"

听了妈妈的故事,伟伟很快便改正了自己的缺点。

这位睿智的妈妈对孩子的缺点并未直接斥责，也未生硬地给孩子讲述大道理，而是以讲故事的方式巧妙比喻，让孩子自己去领会言外之意，可谓举一反三、触类旁通，收到了极好的说服效果。

在说服孩子的过程中，最令孩子反感的就是家长滔滔不绝地灌输一堆大道理，而故事对于孩子来说则是心中最爱，因此，家长不妨利用故事来妙喻说理，使孩子冷静深思、豁然顿悟，达到说服孩子的目的。

每一个孩子都喜欢听故事，而身为父母要明白一定要学会给孩子讲故事。对此，很多父母会不以为然，讲故事谁不会讲，其实要想真正地通过故事达到亲子沟通的目的，首先要做一个会讲故事的家长。

我们都知道，一般故事都有5个要素，何时、何地、何人、何事、何故，每一个故事都应该包括这5项内容，才算表达清楚。何时的表述要注意开门见山，警示性地引起孩子的注意；何地的表述尽快地进入场景，这样才会突出你想表达的主题；何人的表述要有名有姓，有名有姓才显得真实，也方便孩子理清思路；何事的表述应注意具体化，描述细节化；何故的表述相对不太主要。

讲故事，最重要的是对事的讲解，换句话说也就是重现场景。重现场景的一个技巧就是表达具体化，描述细节化，这样才能使孩子以一个感性的画面进入情节，引发思考。当然，不同的孩子反应是不一致的，不一致在社会心理学中，就意味着心理互动的失败，心理互动失败，你就不能在讲话中达到最佳效果。

此外,父母给孩子讲故事时要遵守以下4个原则:

(1)发掘教育性

美国故事家认为,听故事能够打开那些直接教育无法触及的区域,无论是成人还是儿童,都可以从故事中找到解决自己问题的稳妥办法。这表明,故事的内涵不仅反映生活,揭示世界,而且故事对人的塑造施加着积极影响,有教育性。据此,给孩子讲故事,要充分发掘故事的教育性。要照顾孩子的年龄特点因势利导。孩子进入幼儿期,可多选择一些童话故事,因为童话以儿童幻想为特征,从不同角度向孩子展示奇异美妙的现实生活,告诉他们真善美与假恶丑。孩子3岁以后,物我开始分化,他们开始对人的故事和有关自然、社会等方面的知识性故事感兴趣。这类故事,重点应放在讲清"发生了什么",以拓宽视野,深挖故事主题。

(2)加强针对性

孩子生理、心理发展不成熟,情绪波动大,给孩子讲故事应敏锐地捕捉孩子的兴奋点,以增强双边同步效应。尤其针对孩子可塑性的特点,发现某些毛病和不足,可选有利于矫治的故事,通过故事形象来启发诱导,达到自我鼓励和克服不足。创设情境讲故事的过程实际是一个还原生活的过程,孩子年龄小,社会生活经验贫乏,往往对故事的内涵领悟较困难。因此给孩子讲故事,首先应创设一种故事氛围,达到借景生情。具体做法可以通过"解题"作铺垫,告诉孩子这是一个什么样的故事,要注意哪些情节和人物,等等。有这样一个开场,帮助孩子实现注意转移——集中到听故事上来,并意识到这个故事的新奇,做好"听"的心理准备。另外,要力求不断渲染故事环境,促使孩子神往于故事之中。情境渲染的途径很多，比如角色形象创设，讲故事者角色要到位，努力摆脱或掩蔽自己的成分，按故事角色形象的个性及特点来寓情于境。言语情景创设不容忽视，言语是沟通讲者与听者情感的重要媒介。讲故事要语言生动，清晰鲜明，儿童化，可使孩子移情于境，增强故事的感染力。

（3）运用悬念

悬念就是挂念，它是孩子听故事时特有的一种对故事发展和人物命运关切的心态反映。有人说故事是人类灵感的桥梁，悬念就是灵感集成的火花。悬念的引入，就是打破故事完整的格局，在关键处置疑，让孩子按故事的脉络去思考。故事悬念，通常有开篇悬念、情节悬念和结果悬念等，应视具体的故事内容和听故事对象择用或兼用。悬念的设置和运用，需要家长讲故事前认真钻研故事，精心设计讲法，悬念分布既可从故事内容的教育性入手，分解为情感悬念、问题悬念、事件悬念等，也可从故事的结构上设置，如层次悬念、连锁悬念等。当然，讲故事设置的悬念，是为了使故事跌宕起伏、曲直交错，增强故事的艺术感染力。不过，悬念设置频率、深度要因孩子而异，不能因设置悬念而让孩子听故事的兴趣受损。一般情况下，讲故事过程中设置的悬念，随着故事的推进，都要揭破，不能悬而无破。

（4）巧施强化

目前，家庭中有一种普遍现象，孩子天天闹着讲故事，家长也天天给他讲，但到头来孩子听得虽多，而会讲的却寥寥可数。按家长的本意，给孩子讲故事并不是培养听故事迷，而是希望孩子得到全面的协调发展。探究事与愿违的原因，一方面可能与听讲故事的质量有关，另一方面还与孩子听故事后得不到及时的强化和反馈相关。孩子听记故事，多凭形象记忆，故事的情境消失，故事也就会遗忘。为此，要提高孩子听故事的质量，必须把"听"延伸到讲完后的强化和反馈中。

第八章

好好说话莫暴躁,冷静面对冲突

允许孩子犯错误

在浙江杭州市的一个家庭中,父亲是一位高级科技人员,母亲也是知识分子,儿子正在市重点中学上高三,家庭条件很好,可偏偏发生了一件意想不到的事情。高考临近,大家都忙于备考,学习相当紧张,儿子却跑到外边偷了一块比较名贵的手表,当场被抓住送到派出所。父亲从国外访问刚刚到家,听到此事气愤异常。但是,父母终于以理智控制了自己的感情,在学校的支持和配合下,对事情进行调查了解,对孩子进行了说服教育,他们相信孩子能改正错误,鼓励孩子积极迎考,用行动来改正错误。

由于处置得当,孩子情绪正常,没有影响高考,结果以优异的成绩被录取到重点军事院校。这个孩子没有辜负父母的期望,跌倒后又爬起来。大学毕业时,因品德良好、成绩优异,被分配到我国驻外使馆工作。

在谈及往事时,他深深地内疚,真诚感谢学校和家庭给他的帮助,决心要一辈子认认真真做事、老老实实做人。

现代教育理论认为,教育的一个重要前提是宽容,父母应该允许孩子犯错误。

每个人都难免犯错误,只要你做事,就有犯错误的可能。

大人尚且如此，何况孩子！孩子年龄小，辨别是非的能力尚缺或不强，犯错误就更是难免的，从某种角度说，孩子的成长是与犯错误分不开的。如此看来，要求孩子不犯错误是不现实的，不可能的，剩下来的只是如何对待孩子犯错误的问题。

孩子犯了错误，特别是犯了性质严重、情节恶劣的错误，父母的第一反应往往是怒火中烧，这时特别需要冷静，不要因孩子的错误造成自己的错误，甚至酿出人生苦酒，造成家庭悲剧。

但是允许孩子犯错误不等于纵容孩子犯错误。有些父母对孩子的错误睁一只眼闭一只眼，对孩子的错误听之任之，一味顺从，认为"树大自然直"，长大了就好了，不必多管，这是放任姑息的态度。这种态度会使孩子养成恶习，使孩子在错误的道路上越走越远，终生难改，是父母们所不可取的。

"孩子是伴随着错误成长的。"父母的责任就是一次次把孩子从错误的边缘拉回来。上述例子中父母的处理方式就非常得当。

家庭是人生的一个舞台，而家长应该是舞台上的一个演员，教育究竟是什么？它不只是一个人的思想灌输给另一个人，而且是一种心与心的交融，是人格魅力的感染和吸引。在家庭舞台上，家长应不断变换着自己的角色，有时候是慈母，有时是严师，有时是他的兄长，更多时候是孩子的朋友。

不管孩子犯了哪种类型的错误，问题的关键都在于父母如何引导，将孩子犯错误过程中的不利的消极因素转化为有利的积极因素，从而防止他再犯同样的错误，也少犯其他的错误。

父母必须冷静理智、耐心细致地处理事情，分析犯错误的根源，指明改正错误的方向和方法，帮助孩子从错误中走出来。

切忌简单粗暴地对待犯错误的孩子,那种闻错则怒、火冒三丈、不问情由,或骂或打或罚的态度是极不可取的!

给父母几点建议:

(1)对待孩子的错误,不能姑息纵容,也不能粗暴处置

用简单粗暴的方法不能取得有效的教育效果,常常会适得其反,甚至造成悲剧。

(2)教育犯错误的孩子要讲究艺术

家长既要严格管教,又要冷静理智,并且讲究教育的艺术,巧于疏导,帮助孩子从错误中走出来。

(3)对孩子的错误进行入情入理的分析

如果孩子犯了错误,应该对孩子先肯定,让孩子在和谐的气氛中主动认识到自己的错误,让温暖的春风吹去孩子心中的灰尘,让爱充满孩子的心田,在爱的氛围中使孩子受到教育、感化。

(4)低声调批评教育孩子

批评孩子切忌大喊大叫,有的家长喜欢用高声调,似乎不这样做就不足以产生威慑效果。 其实,高声调的叫喊,只会引起孩子的反感,加剧亲子间的紧张关系,收不到好的教育效果。

不要给孩子贴上"负面标签"

小驰正在读小学六年级,他的成绩一直是老师和家人

最头疼的问题。令老师迷惑的是,小驰并不笨,甚至很聪明,但是他却长期居于班里的最后一名,而且时常不及格。

原来,小驰以前的成绩也十分优秀。有一次,由于他没有认真审题,结果作文没及格。回到家后,妈妈对他大加指责:"你怎么这么笨啊,居然还能审错题?我怎么生了你这么个笨蛋?你真是让我头疼死了,真是个笨猪。"从那以后,"笨孩子""笨蛋""笨儿子""笨猪"等名词就成了小驰的代名词了。

既然妈妈这么认定自己,小驰也就索性真的去当"笨孩子"了,他不再好好学习,成绩也一落千丈。

一位母亲带小女儿去游泳,女儿不敢把头埋进水里,她就当众斥责孩子说:"你每个星期都这样,老给我和爸爸丢脸。我真不相信你就是我的女儿!"这位母亲的话和上面故事中小驰的妈妈一样,都代表了一种糟糕透顶的教育方式。

据国外的调查资料显示,经常遭贬斥的孩子智力和心理发展比经常受体罚的孩子更为低下。为什么这样做反而会有害处呢?社会心理学上有个术语叫做"标签效应",意思就是说,对人的看法就像给人贴一个标签一样,迫使此人以后做出与标签相符的行为。

我国的著名童话大王郑渊洁先生曾经说过:"差生是差老师和差家长联手缔造的。"他用深刻、犀利的语言,警告当代的父母们:不要给孩子们乱贴负面标签,这种行为只会使好孩子变成真正的差孩子。

20世纪初,意大利教育家蒙台梭利在罗马建立了一所国立特殊儿童学校,招收了被人称为"白痴"和"弱智"的儿童,共22

名。经过两年的努力,在政府的监督下,这些孩子都顺利地通过了公共学校同龄儿童的同等水平考试。这个铁一般的事实再一次告诉世人,没有教不好的孩子,只有不会教的父母与老师。

教育家周弘先生说:"没有种不好的庄稼,只有不会种庄稼的农民。"农民如何对待庄稼,常常决定着庄稼的生死存亡;而父母如何对待孩子,也在一定程度上决定着孩子的未来。当父母将"笨孩子""差生""问题少年"等负面标签贴到孩子身上时,"聪明孩子""优生""阳光少年"就真的离孩子远去了。

当孩子被标上负面标签后,心理上会蒙受阴影,更为严重的是他可能放弃追求自己的前途。我国台湾作家三毛曾经在自己的书中描述过一个故事:她因为数学成绩太差而被老师当众用毛笔在脸上画了个大大的黑圈,寓意数学得零分。虽然三毛在写作上获得了极大的成功,但是在她短暂的一生之中,自闭的心理可见一斑,更为甚者,她以自杀的方式结束了自己的生命。

给孩子乱贴负面标签,会直接伤及孩子的自尊心与自信心。心理研究指出,这种做法对于 13 岁以后的孩子来说,比让他们面对失败更为痛苦。有些父母一听到孩子的学习成绩不好,便不分青红皂白地责骂孩子,给孩子贴上负面标签,说他们是笨蛋,没出息。事实上,孩子一时的成绩,与他将来的成就或者他是否会成为优秀人才,并没有直接的关系。

无论基于哪种原因,父母都不要轻易地给孩子贴上负面标签。对于孩子来说,这些负面标签可能会成为束缚他一生成长的界限与牢笼。当他面临重大的挑战时,这些负面标签便会一次又一次地出现在他的脑海里,使他不能以充分的自信迎接挑战,而最终与机会擦肩而过。父母们,从现在开始,请相信自己的孩子,给他积极的暗示与期望,让他健康、愉快地成长吧!

（1）多为孩子喝彩

"恨铁不成钢"的父母，常常给孩子贴上负面标签，可是，父母并不是真的希望孩子这样。因此，当父母想说"傻瓜"的时候，换成"其实你很优秀"，孩子就会真的越来越优秀。

小茹的成绩不好，即使她每天把自己关在书房里看书学习，她的成绩也没有丝毫起色。妈妈无奈地问："为什么你不努力一点，让自己的成绩更好一点呢？"小茹反驳道："反正你们都认为我是傻瓜，我再努力有什么用？"

后来，妈妈每次都有意识地控制自己，当她想骂女儿傻瓜时，就换成"孩子，加油"。她发现这样做，不仅让自己心情愉快，而且也让小茹重拾了自信。虽然她的成绩还不十分突出，但是已经有了很大的起色。

当孩子考试不理想或者做事情失败的时候，父母应该多给孩子一些喝彩与鼓励。已经习惯给孩子贴负面标签的父母，则应该有意识地提醒自己。将那些难听的词汇换成鼓励的话语，给孩子积极的影响，鼓起孩子起航的风帆。

（2）给孩子积极的心理暗示

美国心理学家罗森塔尔曾经做过一个心理实验，证明孩子的成绩与教育者的期待是成正比的。因此，如果父母给孩子积极的心理暗示与期待，那么孩子便会成为优秀的孩子。而如果父母乱给孩子贴负面标签，事情则会与父母的愿望背道而驰。

俊楠今年11岁，曾经是个令人头疼的孩子，学习成绩不好，喜欢惹是生非。但是自从妈妈改变自己的教养方式后，这一现象得到了很大的改观。

有一次，俊楠的作文成绩又不及格，妈妈没有像往常一样骂他笨，而是笑眯眯地对他说："没关系，妈妈觉得你下次一定会比这次好。"下次，俊楠的作文成绩果然有了提高，妈妈还是说：妈妈相信你下次会更好。 慢慢地，俊楠的作文成绩提了上来。

当孩子学习成绩不理想时，父母可以积极地暗示他："下次一定会比这次好！"当孩子不听话，四处惹是生非时，父母可以暗示他："真正强大的孩子是在智力上打败别人的人。"这样，孩子的道路就会越走越宽广。

（3）不要用自己的看法埋没孩子的天性

成人虽然有更多的知识与经验，但他们也往往带着偏见与不足。因此，父母不应该用成人的眼光来看孩子，而将孩子看扁。

齐玉喜欢画画，十分富有想象力。 一天，她在画纸上画了一个人的身躯，并配上了一对洁白的翅膀，在她的四周还画了几朵飘浮的白云……齐玉的妈妈看到这幅画后，高兴地说："这是位美丽的天使啊！"

当孩子在绘画中任意地将物体进行组合，如将鱼画到天上，添上翅膀；将树栽到屋顶，结出糖果时，不要责怪孩子，因为这在成年人看来，也许有点荒诞，但却是孩子具有丰富想象力的表现。 父母要看到图画后面的东西，才不会埋没孩子的天赋与灵性。

学会把对抗变为对话

江西省德兴市某某中学刚开学，第一天亮亮表现就不好，还在班上和同学打架。为此，老师给亮亮的妈妈打了电话。亮亮的妈妈气极了,回来就狠狠地揍了亮亮一顿。亮亮伤心不已,哭泣不止,本来因在学校打架被老师判断错误而批评的委屈更加一发不可收拾。

从那以后,亮亮天天和妈妈对着干。妈妈让亮亮放学后早点回家,亮亮偏要天不黑不回。妈妈让亮亮不要看电视,学习去,他就变着法儿地找本小说读。妈妈生气之下又打骂亮亮。事情就这样恶性循环下去。

亮亮的作为是一种典型的对着干的做法,似乎粗心的妈妈并没有找到问题的症结所在。

在传统观念中,妈妈对子女的教育往往容易走向两个极端:要么简单粗暴,要么过分溺爱。这两种方式都是不可取的,都会对孩子的健康成长产生极大的危害。

因为血缘关系的缘故,家长本该是孩子最亲近的人。可事实上不少孩子不信任家长,有话不愿对父母说,甚至闹到有家不回的地步。为什么会这样呢?除了青春期孩子独立意识开始增强、试图摆脱家长的约束和管教以外,不科学的家庭教育和传统的家长专制作风,甚至大打出手是主要原因。

请不要忘记,孩子们受到家长粗暴的待遇,特别是这种待遇来自一个平日里信赖的人的时候,他的痛苦心情会在心灵里留下一个长久的痕迹。在青春叛逆期的孩子就很容易把对父母的失望和被打骂的痛苦,转变为对抗的行为。试想,谁愿意生活在一个暴力家庭中?谁愿意和"暴君"进行对话?怎样进行对话?

一般来说,孩子最讨厌严厉粗暴、修养差、不够通情达理的家长。明白了这些道理,要成为一个受子女欢迎、亲近的家长，家长应该学会把对抗变成对话，这主要是：

（1）孩子做错事，父母要控制自己的情绪

很多时候，孩子做错事时，父母常常会非常生气和愤怒，情急之下就很容易采取打骂等体罚的方式对孩子进行教育。

这种教育方式的效果往往很差，比如，这会让孩子觉得：我做错了事，你也打我了，我们俩扯平了。而且孩子还会对体罚他的爸爸或妈妈产生怨恨的心理。孩子这种心态会使他对自己所做的错事没有内疚感、没有羞耻感，从而也难以去改正错误。

因此，在孩子做错事的时候，父母一定要先控制自己的情绪，以免在情急之下对孩子采取错误的教育方式。

（2）让孩子承担自己所犯错误带来的后果

父母要让孩子承担自己错误带来的后果。比如，孩子赖床，没有按时起床，眼看上学就要迟到了。此时，父母不要因此而打骂孩子，更不要急急忙忙地打车送孩子去上学，而是让他按照平常的程序去做，比如，让他自己乘坐公交车去上学，让他自己承担因迟到而被老师批评的后果。这样，孩子就会深刻地意识到自己的错误，也有更强烈的动力去改正自己的错误。

（3）批评孩子时，要注意一些语言表达的技巧

父母批评孩子时，应注意掌握一些技巧：

低声。父母应以低于平常说话的声音批评孩子，"低而有力"的声音，会引起孩子的注意，也容易使孩子注意倾听你说的话，这种低声的"冷处理"，往往比大声训斥的效果更好。

沉默。孩子一旦做错了事，总担心父母会责备他，如果正如他所想的，孩子反而会有一种"如释重负"的感觉，对待批评和自己所犯过错也就不以为然了；相反，如果父母保持沉默，孩

子的心里反而会紧张，会感到"不自在"，进而反省自己的错误。

暗示。 孩子犯有过失，如果父母能心平气和地启发孩子，不直接批评他的过失，孩子会很快明白父母的用意，愿意接受父母的批评和教育，而且这样做也保护了孩子的自尊心。

换个立场。 当孩子惹了麻烦遭到父母的责备时，往往会把责任推到他人身上，以逃避父母的责骂。 此时最有效的方法是，当孩子强辩是别人的过错、跟自己没关系时，就回敬他一句"如果你是那个人，你会怎么解释"，这就会使孩子思考如果自己是别人，该说些什么，并发现自己也有过错，促使他反省自己把所有责任嫁祸他人的做法。

利用自己的权威解决与孩子的冲突

如果孩子不能从错误中吸取教训，父母可以利用一下自己的权威，采取一些非常态度。

刚上学不久的小金病了一个星期没去上学，现在病好了，他还是不想去学校。妈妈只好打车送他去上学，车停在学校门口，妈妈央求说："快点，小金，都快上课了，老师和同学们都在等你，做个好孩子。"小金却缩在车座上，不肯下去。妈妈没说什么，也没发脾气，只是自己先下了车，然后又把小金拉下了车。

有时，沉着冷静，很果断地去做，随着情况的发展，做出相应的行动，就不会发生权力之争，孩子也会受到教育，顺从父母。

小芹的爸爸是搞建筑的个体户，常年在外承包工程，家里只有妈妈和小芹两个人，从小母女俩都是同房而睡。现在小芹15岁了，再与妈妈同房很不方便。妈妈好几次叫她回自己的房间睡，但是她到了半夜又来敲妈妈的门，总这样下去，妈妈怕对小芹将来独立生活不利，却又没有办法能让孩子单独去睡。

要让孩子与妈妈一起睡立即改为独自睡，是比较困难的，但做妈妈的一定要有决心。最关键的是小芹的妈妈态度要坚决，为了孩子决不心软。这件事可分3步进行：第一步，做小芹的工作，说自己长大了，应该自己在一个房间睡觉，第二步答应孩子与自己同睡一个晚上，第三步下不为例，履行诺言，让小芹自己去睡。

第一步和第二步进行得都很顺利，只是第三步进行得却十分艰难。小芹妈妈说："开始两小时还很平静，到了夜里12点钟，小芹就来敲我的门，'妈妈，我害怕，我要回到你的房间睡'。我想送孩子回自己的房间睡，就在她身边待了好几个小时才离开。回来后我也睡不着，怕孩子醒来，见我不在身边又会害怕。果然,早晨5点,小芹又跑到我的房间猛敲门,两只手都吓得冰凉。我再次陪她返回她的房间,总算熬到了天亮。"

孩子去敲妈妈的门,这是预料之中的事。但做妈妈的千万不能太心软。她去敲你的门,你就叫她回自己的房间好了,你不理睬她,她就会回自己的房间。只要坚持两三天就能达到目的。要知道任何家长都不能陪孩子走完一生的路。让孩子单独睡,是孩子成长走向独立的必经之路。

第二天,小芹半夜还是敲妈妈的门哭着央求妈妈陪她睡。妈妈听到后,特别同情孩子,眼泪直流,但还是硬下心没给孩子开门,劝了她几句,叫她回自己房间睡了。妈妈听到她回房间的脚步声,悄悄起床守候在门外,听着她睡着了,才回到房间。

一周后,小芹已经习惯单独自己睡觉了。妈妈开玩笑地问小芹:"你怎么夜里不再敲妈妈的门了呢?"小芹说:"我看见妈妈态度很坚决,也知道这是妈妈为我好,忍一忍也就习惯了。"

小芹的妈妈这样做是对的。父母心硬正是为了对孩子的成长负责。我们有责任训练他们,使他们有勇气、有力量去面对生活。

孩子当众发难的处理方法

我们应该让孩子知道，在家中的一些不良行为，虽然由于父母的疼爱，勉强可以逃避责难。但是在公共场合，虽然妈妈会同情孩子，但绝不能保护他不受外界的谴责。

4岁的特特喜欢将桌子上的东西扔到地板上。有时玩得高兴时，突然间劈劈啪啪把桌上的东西一扫而光。妈妈多次训导，甚至惩罚，他还是时常发作一番。有几次他把好看的玻璃杯还有其他用具都扔到地下摔碎了，妈妈很生气地教训了他一顿。元旦节到了，妈妈带特特到科技馆去玩。馆里布置得很漂亮，其中一个厅里还布置了舞台，要义务表演元旦庆典活动。舞台的一张桌子上摆着做道具用的饼干。演出开始前，几个小孩在舞台上玩耍，特特也要上去玩。妈妈见他在底下转几圈也实在很无聊，就叮嘱他上去不要乱动，便由另外几个孩子将他举了上去。开始几分钟，他表现得还不错，随着另外几个孩子在上面蹦蹦跳跳，他也忘乎所以起来，走到桌子前一举手，把桌子上摆着的几个做道具用的饼干打到了地上。这时饰演老奶奶的演员急步走来，一边将饼干捡起，一边大声对特特说："你要干什么？下去！"妈妈从来没有这样大声训斥过特特，特特一下子愣在那里,他眼里充满了惊恐,妈妈过来伸手将他接了下去。妈妈虽然有些怪那位老奶奶对特特过于严厉,但一想这样可以给特特一个教训,或许比自己以往讲的道理更有用,就抱起特特,没有说任何安慰的话。特特看着妈妈,想知道妈妈是什么反应。"老奶奶为什么骂你?""我打掉了饼干。""对不对?""不对。"特特流着眼泪一副可怜兮兮的样子说。妈妈什么也没有说,只是用手绢给特特擦了一下眼泪。演出开始了,特特安静地坐在那里,没有再生任何麻烦。随后几天妈妈看到特特在行为上有明显改进。

特特因为自己的行为尝到了当众受训的滋味。如果妈妈婉言安慰,用同情来维护特特不受伤害,特特会认为妈妈是站在他的一边,妈妈同情他,会保护他不受外界的谴责,自己的这种行为不但在家里可以逃脱责难,在公共场合也一样可以通得过。这种错误的理解会进一步鼓励特特的行为。妈妈明智地让他独自承担了这一教训,没有指责老奶奶的粗暴,让现实后果教育了特特应该如何约束自己的行为,显然是很有效的。

要学会不用责骂来引导孩子

一些父母,经常借助发怒来发挥作用,而不是用行动来发挥作用。那会让你精疲力竭并且丝毫不奏效! 试图用叫喊来控制孩子，就像仅靠按喇叭来驾驶汽车一样无效。

让我们来思考一个例子，在漫长、紧张、如旋风般的一天之后，这种情况有可能在成千上万个家庭中的任何一家发生。

因为非常疲劳，妈妈想早点休息，打算让她的孩子洗澡上床。但是8岁的利利却不想马上睡觉，利利坐在地板上，玩着他的玩具。妈妈看了看表说："利利，已经快9点了（夸张了30分钟），收拾起你的玩具去洗澡。"此时，利利和妈妈都知道并不是叫他立即去洗澡。她只是希望他开始想洗澡这件事儿。

大约10分钟以后，妈妈又说话了："利利，现在越来越晚了，你明天还要上学，我希望你把这些玩具收拾起来，赶快去洗澡！"她仍然没有打算让利利服从命令，并且利利也知道这一点。她的真实意思是："我们的时间又少了一点，利利。"利利拖拖拉拉地四处走走并堆起一两个盒子以表示他听到了她的话。然后他坐下来再玩几分钟。

6分钟过去了，妈妈又发出了一个命令，这一次她声音中多了一些愤怒和威胁："现在听着，小家伙，我告诉你赶快行动，我是认真的！"对于利利，这意味着他必须收拾起他的玩具，然后磨磨蹭蹭地走向洗澡间的门口。如果他的母亲很快地过来催促他，那么他必须火速地执行交给他的任务。如果妈妈在完成这固定程序的最后一步之前转移了注意力，或者如果电话响起，利利就可以自由地享用几分钟的暂缓了。

利利和他的妈妈都卷入了一场熟悉的独幕话剧。他们都明白规则及对方所扮演的角色。整个场景是事先安排好的、计算机般程式化的、照原稿演出的。实际上，它是夜复一夜重复上演的一幕话剧。每当妈妈想让利利做他不喜欢做的事件时，她都要经过那些假生气的分级步骤，以平静开始而以红着脸大叫和威胁结束，利利直到她达到爆发点之前都用不着行动。

妈妈是依靠空间的威胁来控制利利的，所以她必须一直保持半激怒状态。她与她的孩子之间的关系被损坏了，她永远也别指望能得到孩子的立即服从，因为她达到令人可信的愤怒程度至少需要5分钟。

用行动去获得期望的行为该有多好啊。当父母平静地要求孩子服从但孩子却置之不理时，妈妈或爸爸应该有一些办法让孩子要合作。妈妈应该平静地告诉利利去洗澡。如果他不立刻行动，就应该捏他的肩膀一下，使他有些轻微的痛苦。如果利利知道这个程序或其他一些不愉快的事会永不改变地发生在他身上，他就会在结果出现之前行动。

一些读者可能认为对孩子故意地、有预谋地使用轻微痛苦的办法，是做了一件残酷、没有爱的事。对另外一些人来说，它看起来像纯粹野蛮的事。假设要在喜欢对孩子发脾气、尖叫、爱威胁的母亲与一个对孩子不服从进行合理的、有节制的反应的妈妈之间做出选择，人们当然欣赏后者。因为这避免了两代人之间的冲突，一个比较安静的家庭对孩子更适宜。

另一方面，当孩子发现在他听到的上百次的话语背后并没有威胁的时候，他就不再听这些话了。他唯一会做出反应的就是那些已经到达情绪顶点的信息，这意味着要一遍遍地大喊大叫。

孩子被引到了对立的方向，使得妈妈的神经以及父母和孩子的关系变得紧张。但是这些口头申斥最重要的缺陷就是它们的使用者最后不得不寻求体罚。这样，父母就不是平静并理智地实施规劝，而是失去自控和沮丧，野蛮地痛打对抗的孩子。已经发生的战争是没有理由的。如果父母持一种很有把握的平静态度的话，事情完全可能以非常不同的方式结束。

妈妈轻柔地、几乎是高兴地说："利利，你知道在你不听我的话时会发生什么事吗？但是如果你坚持的话，我可以跟你一起玩游戏。当计时器响起的时候，让我知道你的决定是什么。"

然后孩子就会做出那样的选择，并且他服从妈妈命令后的好处也就很清楚了。她不需要大喊大叫、她不需要威胁、她不需要变得心烦意乱，她拥有支配权。当然，如果必要，母亲要证明两三次她会使用疼痛或其他的惩罚方式。在以后的几个月中，利利偶尔会看一看她是否仍控制着局面。这个问题很容易处理。

肩膀上肌肉可以非常有效地导致轻微痛苦。在那些数不清的大人和孩子发生面对面冲突的场合之中，都可使用这个方法。

家庭之外的纪律与家庭之中的纪律并不是十分的不同。在两种环境之中控制孩子的原则是相同的——只是应用方式改变了。一位想用怒气来控制一群孩子的教师、教练或游戏领导者，一定会受到难以置信的挫败。孩子们会试探大人在采取行动之前能忍耐多久，他们会一直把他或她逼到那个极限。

千万不要低估一个孩子对他正在破坏规则的意识程度。大多数孩子对否认大人权威的事进行了相当的分析，他们事先考虑行为并且权衡了可能发生的后果。如果赌注太大了,他们会采取更安全的方式。这个问题已经在成千上万的家庭中得到了证实,在那些家庭中一个小孩会把一个家长推到忍耐极限的边缘,而在另一个面前却像甜蜜的小天使。妈妈抱怨道:"瑞瑞十分在乎他的爸爸,但是一点儿不理会我的话。"瑞瑞并不傻,他知道妈妈比爸爸更安全。

总而言之,父母必须认识到控制孩子的最成功的手段就是掌握那些对孩子来说很重要的东西。絮叨的讨论和空洞的威胁只能对孩子产生很少的作用或一点也产生不了。"为什么你不改掉毛病做正确的事呢,杰杰!我该拿你怎么办呢,儿子,天啊,看起来我不得不总是对付你。我真是不明白你为什么不按吩咐去做。如果有一次,只有一次,你能做出符合你年龄的事该多好啊。"这种语言劝阻没完没了。

杰杰忍受着这种唠叨,日复一日,年复一年。幸运的是他有一种机能可以让他听他想听的东西而将其他的东西统统淘汰。正像生活在铁路旁边的人甚至听不到火车隆隆而过的声音,杰杰学会了忽略他周围毫无意义的声音。

寻找疼爱与规训之间的平衡

父母与孩子的全部关系,都可以在介于疼爱与规训之间精心维护的一种平衡之中找到。疼爱与规训,这两个变量之间的相互作用是关键，与我们能成功培养孩子紧密相关。

人们很长时间以来就知道，一个不被喜爱、触摸和抚慰的婴儿常常死于一种奇怪的疾病，这种疾病最开始被称为"消瘦"。他们会了无生机地在迎来第一个生日之前便死去。这种感情需求的证据在公元13世纪就已被发现了，当时弗里德里克二世用50个婴儿做了个实验。他想知道，如果婴儿永远没有机会听到口头语言，他们会说什么语言。为了弄明白这个没有定论的研究主题，他指派养母们给孩子们洗澡，喂他们奶吃，但是禁止她们爱抚、轻拍和与她们照看的孩子说话。这个实验戏剧性地失败了，因为50个婴儿全部死了。上百个更近一些的研究表明，生命的第一年中母亲和孩子的关系对婴儿的成活来说是至关重要的。

疼爱的缺乏对孩子的影响是可以预料的，但是过度的爱或"超级的爱"也对孩子有危害，这一点却并没有得到充分的认识。有些孩子被爱或以爱的名义出现的东西给毁了。有些人过分地以孩子为中心，他们把自己所有的希望、梦想、期待和抱负都倾注到孩子身上。这种哲学的自然顶点就是对下一代的过分保护。

一位紧张的母亲说她的孩子是她生活中唯一的快乐源泉，在长长的夏日里，她的大部分时间都坐在房间的窗户前，看她三个女儿玩耍。她担心她们可能会受伤或需要她帮助，或者她们可能会骑自行车到街上去。尽管她丈夫有强烈的怨言，她还是牺牲了她对家庭的其他责任。她没有时间做饭或打扫房间，在窗前看管孩子的任务是她唯一的生活。她被她深爱的孩子可能受到伤害的危险所带来的恐惧紧张折磨着。

童年时期的疾病或突然而来的危险，对于很爱孩子的父母来说总是难以忍受的，但是对于过分保护孩子的妈妈或爸爸来说，哪怕是最轻微的威胁也能产生难以承受的焦虑。 不幸的是，父母并不是唯一受罪的人，孩子经常也是这种焦虑的牺牲品。 他或她得不到允许去经历合理的危险——一种作为成长和发展的必要序幕的冒险。 同样，对孩子们的任何要求不能拒绝的家庭中，前面所描述的物质问题往往会发展到最严重的程度。 孩子情感长期不成熟，是父母过分保护的又一个常见的后果。

在控制孩子的极端家庭中父亲和母亲通常都遵循一种相似的模式，父亲是一个非常忙的人，他深深地陷在工作之中。 他从早到晚都不在家，而当他终于回来的时候，他带回家一个装满工作的公事包。 他可能经常出差。 当他偶尔在家并且不工作的时候，他总是精疲力竭地倒在电视机前看棒球比赛，他不想被打扰。 因此，他管理孩子的方式是严厉而冷漠无情的。 他时常发脾气，孩子们都知道要与他保持距离。

相反，妈妈则对孩子顺从得多。 她的家庭和她的孩子就是她快乐的源泉。 事实上，这已经取代了那些从她的婚姻中消失的浪漫火花，她为爸爸对孩子们缺少感情和温柔而担心，她觉得她应该通过向另一个方向倾斜来弥补他的严厉。 当他不让孩子们吃晚饭就叫他们上床睡觉时，她偷偷地塞给他们牛奶和饼干。 由于她是爸爸不在时唯一的权威，因此在家中居支配地位的旋律是不成章法的宽容。 她太需要这些孩子们了，以至于不愿冒险去控制他们。

这样，两个家长权威的象征是相互矛盾的，孩子被夹在他们中间。 孩子对任何一个家长都不尊敬，因为一个会破坏另一个的权威。这种自我毁灭的权威形式经常会埋下一颗反叛的定时炸弹，它会在青春期引爆。大家所知道的最不友善、最野蛮的孩子就是从这种极端相结合的家庭中产生的。

如果我们想培养出健康、负责任的孩子，就必须寻求疼爱和控制的"中间地带。"

当你被孩子的反叛挑衅时，要取得决定性的胜利。当孩子问"谁说了算"时要告诉他答案。当他咕哝着抱怨"谁爱我"时，让他投入你的臂膀之中，用感情将他包围。尊敬孩子，不要伤害他的尊严，并希望从他那里得到相同的东西。这样，你就可以开始享受到有权威的父母地位所带来的令人陶醉的好处了。

第九章

好好说话，培养孩子的交际能力

培养孩子与人合作的能力

合作是每个现代人都应该具备的能力。假如一个人不能与人合作，他就会失败。合作不是普遍情况下的人际交往，而是有共同目的性的成为互助互利的双赢关系。善于合作的人总是可以自由跟人交流，也喜欢边借鉴他人的意见边做事，从他人那里获得帮助。不过，这种性格并不是天生的，是可以后天培养的。

1. 要让孩子懂得与人合作的必要性

在平时生活中，有很多一定要两个或多个人一起协作才可以完成的事情，一个人是不能完成的。家长可以在这种机会来到时让孩子尝试一下独自不能完成的失败感，从而明白与人协作的必要性。

2. 让孩子体验合作的快乐

孩子可以从成功的合作中获取良好的体验及乐趣，进而促进孩子产生合作意识和合作行为。

3. 教育孩子与朋友沟通

要使孩子与同伴有足够的时间在一起，他们能共同交谈、分享、玩游戏或一起完成作业。父母要懂得，孩子们应该有他们独自的生活，假如孩子讨厌与别的孩子交往，父母应当有意识地鼓励孩子与他人接触。假如父母和老师过多地干涉孩子，甚至不许他们之间进行交流，那就会因小失大，因为孩子获得合作的能力与感情体验的最根本的条件就是交往，它能够让孩子丢掉孤僻的性格。

4. 使孩子和朋友共同承担任务

要想提高孩子的交际能力，可以分配一些任务让孩子与他的朋友一起努力完成。有时候，如果任务很复杂，需要进行分工，这就更锻炼了他们主动交往与协调能力。一旦把任务交给了他们，就要让他们独立去做，即便遇到挫折或者产生矛盾，也要只答不教，更不要什么事都替他们做。

5. 要鼓励孩子独自解决与同伴交往中的矛盾和问题

孩子必须提高自己的合作能力。孩子在交往中会不可避免地产生矛盾，假如不能使这些矛盾得以妥善解决，那么就永远无法学会合作。所以，当孩子与朋友不和时，应告诉他们不要逃避，并可以给他们一些建议。要培养孩子解决矛盾的能力，是迎着矛盾让孩子去主动沟通，而不是单方面处理，也不能回避或者拖延。有些孩子只喜欢和一类同伴沟通，而不屑交往其他朋友，这种过高要求的交往其实就是逃避的心态。家长更应有意识地引导、鼓励这类孩子，想办法让他们体验到在解决交往中的矛盾并在成功中获得满足感，从而在人际交往中更顺手。

6. 让孩子知道竞争与合作共存

现在的孩子一般都是独生子女，家里也没人跟他争，对他的意思家长一般也不会提出什么异议。不过在学校，竞争者和反对者就都出现了。这样的话，孩子不会把那些反对并与自己竞争的同学当成合作对象。因此父母要及时教育孩子摆正竞争姿态。为了实现自己的目标才进行竞争，这并不意味着跟其他同学作对。父母要教育孩子，同学是学习上的竞争对手，但在生活上可以是合作伙伴，一定不能只把他人当成敌人，为了跟他人对立而不顾一切。与此同时，家长要教会孩子跟人交往的技能，使孩子学会考虑集体的利益，在必要时刻要牺牲个人的利益。假如孩子缺乏这种意识和精神，是不能获得大家认可的。想让孩子和别人合作融洽，就必须具有和人合作的能力。

让孩子学会赞美别人

赞美有着巨大的能量，赞美是使我们乐观面对生活的重要因素，能让我们更加自信；赞美是人际关系的调和油；赞美能弥补自我不足，以积极向上的心态生活；即便只是简单的几句赞叹都会使人的心理得到满足。把一个真诚的赞美传递给别人，能让对方感觉到温暖。因此，在实际生活中，应该教导孩子去发掘、去寻找别人值得称赞的优点，然后真诚地告诉别人，这样不但能给别人带来快乐，给他的生活增亮，孩子自身，也会给自己营造一个良好的人际关系环境。

在人际交往时恰当地运用赞美，能使人与人的关系变得亲密，消除隔阂，增加双方的亲近感。因为它能给别人带来自尊心和荣誉感上的满足，这样也就减少了抵触感，使双方的认识更加深入。赞美可以鼓励他人，并使之不断进取，不过也能使人盲目自满。因此，一定要有技巧地赞美他人。有一句名言说得好："赞美之词具有两面性，它既能使人际关系得到进步，消除隔阂；也能给别人造成伤害，不利于人际关系的发展。"

应把赞美他人变为一种习惯，而且要从小培养这种习惯。那么，这种习惯应该怎么培养呢？

1. 一定要真诚地赞美别人

虚伪的胡乱夸赞绝不能与赞美相提并论，赞美他人时表情一定要认真诚恳。假如其他同学做事情失败了，你却赞美道：你干得很好，我想做还做不到这个地步呢。此时，别人听起来就是讽刺了。赞美不真诚往往会适得其反，不仅不能让别人感到高兴，反而可能让别人的心灵受到伤害。人只有能诚恳地、发自内心地赞美，才能让别人真正地喜欢你。

2. 对事不对人

对别人说奉承的话绝不是赞美。不能教孩子毫无依据地赞美别人，单纯说"你人真好"这样的赞美没有价值。要赞美的一定是事情本身，这样赞美别人时才能让别人喜欢你。

3. 善于使用间接赞美

对别人进行赞美和鼓励可以借助眼神、举止、姿势。一般的人对表情和动作的敏感度要超过对语言的敏感度，在某些场合,人的表情是装不出来的,也不会包含太多虚伪。例如,表达对别人能力的倾慕和敬畏可以用微笑、惊叹,或是夸张地瞪大眼睛,对方会很容易接纳这种方式。此外,如果想教孩子养成赞美别人的习惯,父母要先让孩子感受到赞美的力量。例如,李龙的英语成绩一直很差,他为此总是感到非常沮丧。有一次考试,他及格了,而且老师给予了表扬,他的父母更是充分赞扬和鼓励了他。这次好成绩使他又恢复了自信,学习成绩不断提高,终于考上了自己梦寐以求的大学。

恰当地赞美别人是必要的,它能使人与人之间的距离变近,使别人对你充满友善,让别人信任你。日常生活中,只要这一点被孩子注意到了,常常适当地对别人进行赞美,会使孩子的生活得以改变,让孩子的生活充满爱,并深刻地感受爱的滋味。

培养孩子待人接物的能力

黄达在小区花园里踢球,邻居小莉抱着金鱼缸来晒太阳。小莉说:"黄达,你可小心点,别踢着我鱼缸啊。"黄达说:"那你离我远点,我可控制不好。"小莉抱着鱼缸走了。黄达说:"真是小心眼儿,说一句话就跑了。"

晚上,妈妈请小莉来做客,教黄达数学。黄达马上说:"我不答应,我不学。"小莉说:"你怎么态度这么差?我也是好心帮你。"黄达说:"你的好心我不需要。"小莉生气地说:"黄达,我可是到你家做客来了,你怎么这么凶啊,我不敢招惹你了。"说完就转身走了。

黄达气呼呼地说:"妈,我态度就是这样,我又没说什么,看她气成那样。"妈妈说:"看来是我太惯你了,你刚才很不礼貌,把小莉都气走了,一点也不像主人的样子。"

待人接物是一门高深的学问,主客之间的礼仪是其中很重要的内容。主客双方都应遵守规则,一旦一方未按规矩办事,另一方便会觉得对方不懂礼数,感觉受到了侮辱。主客矛盾出现,双方常常会不欢而散,正如上例中的黄达和小莉一样。因此,父母应该从小就培养孩子学会待客之道。

如何待客是反映孩子内心世界的一面镜子,父母应该给予重视,切莫以为这只是大人的事情。家里来了客人,孩子会做出各种表现。有的孩子见了陌生的客人,站在角落里,不声不响,默默地注视着客人的举动,即使客人跟他讲话,他也是笑而不答,或表现得相当紧张。有的甚至躲进厨房,不肯出来见客人,显得胆小、拘谨,对客人的态度冷漠。有的孩子则相反,看到家里来了客人,便拼命地表现自己,一会儿要喝水,一会儿要吃东西,一会儿翻抽屉,甚至为了一点儿小事大哭大闹,显得不懂礼貌,不能克制自己,以"人来疯"的方式引起别人对自己的关注,表示自己的存在。还有的孩子在家里来客人时,能主动打招呼,拿出糖果招待客人,表现得热情而有礼貌。

孩子在家中来客时的种种表现虽然和他们的个性心理有关,但也和父母平时对孩子的教育有关。来客时表现不佳的孩子,父母往往缺乏对他们在这方面的培养和训练,在接待客人时,忽视了孩子在家中的地位。那些在家中来客时表现较好的孩子，父母往往比较重视在这方面的培养，让孩子和父母一起接待客人，孩子逐渐地消除了对陌生人的紧张心理，学会了一些待人接物的方法，表现得落落大方。由此可见，让孩子共同参与接待客人的活动至少有以下几个好处：

1. 有利于培养孩子的主人翁感

孩子在参与接待客人的过程中，体会到自己和客人的地位不同，自然会产生一种自豪感和责任感，他会比平时小心十分，殷勤百倍。

2. 有利于培养孩子礼貌待人的好习惯

要接待好客人，让客人满意，孩子就必须在语言行为上都讲究礼貌，接待客人实质上是给孩子提供了礼貌待人的练习机会。

3. 能使孩子学到一些待人接物的方法

最初，孩子是不会接待客人的，这就需要父母的帮助和引导。怎样培养孩子接待客人的能力呢？

1. 让孩子做好心理准备

在客人尚未到来之前，父母应告诉孩子，什么时间，谁要来。假如客人是第一次上门，还要告诉孩子，客人与父母、与孩子的关系，该如何称呼，使孩子在心理上做好接待客人的准备。

2. 共同做准备工作

父母可以和孩子一起做接待客人的准备工作，如打扫房间，采购糖果，和孩子共同创造一个欢迎客人的气氛。

3. 指点孩子接待客人

父母除了自己热情招待客人以外，还要指点孩子接待客人，让孩子感到自己是家中的小主人。例如，客人来了，父母要指点孩子招呼每一个人，请客人坐，请客人吃糖果。还可以让孩子把自己的玩具拿出来给小客人玩，把自己的相册拿给大家看。

4. 学着与客人交谈

父母应鼓励孩子大方地回答客人的问题，提醒孩子别人在讲话时不随便插嘴。如果孩子在某一方面有特长，可以提议让孩子为客人展示，以制造一种轻松、愉快、热烈的气氛。

5. 根据孩子的特点提要求

在让孩子学习接待客人时，要注意根据孩子的特点对孩子提出要求，不要强求孩子做不愿意做的事。例如，对待胆小怕事的孩子，要求简单些，可以让孩子与客人见见面就行，以后再逐步引导，提高要求。对于"人来疯"的孩子，父母应先让他离开大家一会儿，等其冷静下来后，再让他和大家在一起。切忌在客人面前大声训斥和指责孩子，以免伤害孩子的自尊心。

6. 评价孩子在客人面前的表现

客人走后，要及时评价孩子的表现，肯定好的地方，指出不足的地方，并要求孩子今后改正，使孩子接待客人的能力逐步提高。例如，以前孩子会表现出"人来疯"，可是今天很懂事，父母就应及时表扬他的进步，并要求以后客人来时他要和今天一样。让孩子在陌生人面前表现出落落大方，对人有礼貌是每一位家长的共同愿望。但在现实生活中，孩子有害羞而不愿意主动跟他人打招呼、进行交往的表现，只要不过分，也是很正常的。作为家长要求他"有礼貌"，但这种"礼貌"在孩子看来有时是难以理解的。越是强求，他越反感。培养孩子有礼貌，有效的手段不在于督促孩子"叫人"，而在于平日里家长的态度是否做到尊重、平等、有礼，通过点滴的以身作则来影响孩子。

教孩子学会与父母沟通

李伟的父母都是高级知识分子，爱子心切，花了数万元把李伟从一所普通中学转到了市重点中学。在他的父母为他选定的重点中学中，因为跟不上学习进度，李伟的成绩一直处于及格边缘，他也因此在学校中情绪很低落，每天过着无精打采的日子。有一天，刚回到家中，李伟的父亲就把他大骂了一顿，因为老师刚刚打过电话来，说李伟的物理考试不及格，通知家长去学校商量一下提高的办法。面对父亲的责骂，李伟委屈极了！李伟扔下书包，就跑下楼去，在街心公园痛哭起来。从这以后，李伟更沉默了，什么话也不和父母说。李伟的父母开始着急起来，甚至给李伟找了一个心理医生，但收效甚微。

李伟的情况在现实生活当中并不特殊,之所以有这样的结果,很大一部分原因是孩子与父母缺乏良好的沟通。

天津市杨村一中的心理辅导教师周余波曾对本市初高中阶段的528名在校生进行的一次问卷调查显示,只有9.85％的学生选择了"当你有烦恼时,找父母谈心"这一栏,而且大部分是女生。这就说明了中学生在心理上对父母产生了距离和不信任感。"知子莫如父"这一传统观念正在受到挑战。

那么,孩子为什么有话不愿同父母讲,为什么不愿向父母敞开心扉呢?孩子的心里话对谁说呢?

林静在电台工作。近段时间,她以知心姐姐的身份主持了"中学生热线电话"节目。每逢周六热线通话时间,桌上的电话铃声不断,"耳"不暇接。来电话的中学生朋友所谈的话题牵涉到许多方面,从作业负担到早恋苦恼,从升学困惑到人生思考。耐人寻味的是,这些中学生在一吐心曲之余,往往要拖一个尾巴:"我这些心里话,只想让你知道,对父母和老师都是不说的。"

电台专辟"热线电话"节目为中学生释疑解惑,无疑是一件好事。不过,再仔细想想,来电话的中学生的心底秘密,在父母和教师这些尊者面前"讳莫如深",对从未谋面的电台人员,却肯"和盘托出",这是为什么?"热线电话"能获得中学生信任的秘诀之一,便是他们与中学生通话时,并不是简单地提供"标准答卷",而是更注重于和学生做思想上的交流、探讨与沟通。

当代心理学的一个重要分支——行为心理学的研究表明,正处于趋向成熟期的青少年，一是由于逐渐形成强烈独立意识，因此往往不愿他人给以现成的生活指南；二是他们的内心又对各种事物有诸多"不确定感"，因此迫切需要从别人那里获得认同和了解。而在日常现实生活中，我们有些父母和教师恰恰无视这两个心理特征。当他们偶尔知道孩子心里有什么隐衷时，或是漠然置之，而更多的则是"一本正经"的面孔，给孩子以"应该怎样做，不应该怎样做"的训词。这种居高临下的架势，又怎能谈得上与孩子相互沟通感情呢？久而久之，孩子感到，你这位尊者可敬而不可亲，也就不肯对你说"悄悄话"了。

处于青春期的中学生，总有需要宣泄的感情，总有需要表露的心里话。要是我们为父母者、为师长者不去关怀他们的这种心迹，一味放任自流，固然"热线电话"等社会咨询机构能分担一部分工作，但有些孩子也可能去找社会上的一些"哥儿们"倾诉心里话。如果由此让一些"歪门邪道"拐骗了孩子，岂不误了大事么？

带锁的日记本在商店的文具柜台上随处可见，它们装帧精美，只不过，和其他的日记本不同的是，一把小锁可以把本子锁起来。售货员说："这是热门货，孩子们来买的很多。"日记本要锁起来，很有意思。这使我想到一些中学生前来心理咨询时的谈话：爸妈有时偷看我的日记，我放在一个小箱子里，也给翻出来，还随便拆看同学的来信，真气人。你说怎么办？

这使我又想到天津杨村一中的调查问卷，你有了愉快或不愉快的事喜欢跟谁诉说？可供选择的诉说对象为父亲、母亲、老师、同学。结果是，选择诉说对象最多的是同学，占81％。孩子们所以喜欢带锁的日记本，原来是对付大人的，是为了向大人们封锁自己的心，这简直让父母感到残酷，感到害怕，感到痛苦不堪了。可是，我们做父母的人知道吗？你的孩子由幼稚走向成熟，由依赖走向独立，心中会逐渐有一些秘密，会有些不再愿意告诉大人的东西。这是他们长大的标志。由于时代的发展，今天的孩子这种独立意识更为强烈。对此，我们也该拍手叫好。然而，我们不少为人父母者总是不那么乐意接受孩子的独立意识，总是想把孩子庇护在自己的羽翼下，于是，就不讲方式地总想去"刺探"孩子心中的秘密。如此招来的只能是孩子的反感，孩子们就加倍地来守护自己的秘密。于是，带锁的日记本便成了最佳选择。

看来，造成孩子和家长之间的距离和不信任的原因是多方面的，除了中学生强烈的"心理断乳"外，缺少科学的家庭教育观念和传统的家长专制作风也是另外的一个重要原因。

通过调查分析，在能主动和父母沟通交流的学生中，大部分学生成绩优良，心理发育健康。自杀、离家出走、早恋等事件和现象往往发生在那些不与父母沟通交流的学生身上。孩子上小学时，有些家长还不屑于和孩子沟通交流，而到了中学阶段，他们却一下子感觉到他们和子女之间的距离不断拉大，有的家长甚至一点点地退缩到只能管理孩子的生活起居的狭隘空间里。

还有相当一部分家长属于传统压制型和现代溺爱型的混合体，他们很难与子女建立对等的、朋友式的关系，这样的家长对孩子的教育十有八九是失败的。

青少年时期是人生中的"暴风骤雨"时期，在对待孩子的教育问题上，只有了解孩子的内心世界，家长才能有的放矢，对症下药。

那么，我们家长该怎么办呢？

一是理解。对孩子由独立意识而导致的闭锁心理，首先得有个科学的态度。我们不妨来个心理换位,回想一下自己孩子时代的生活,并以此来体察孩子们的心。如此,您对上面的"为什么"就会有更切身的理解。有了对孩子的理解,"头痛"就消除了一半。

二是沟通。我们不要以为孩子是自己身上的肉,可以任我骂来由我打,不要以为自己多吃了一些年的咸盐,就可以居高临下地对待孩子,仿佛真理总在自己手中。对孩子要多来点民主和平等,努力成为孩子们的知心朋友。有关专家指出,民主型的家庭氛围、朋友式的合作关系是消除"代沟",实现两代人交流的前提。只有这样,你才可以跟孩子有较多的沟通,才会促使孩子对大人敞开心扉。

三是尊重。尽管我们做了最大的努力,也不该奢望孩子什么都跟我们讲。孩子作为人格独立的人,他们心中应该有一块大人不必涉足的天地,应该有一些属于自己的秘密。对此,我们只有尊重,做孩子的指导者、协商者,而不是命令者,这样一来,我们也就用不着"头疼"了。

培养孩子与同学沟通的能力

程东林从小有个志愿:做一个演说家。在他的心目中,会演讲的人都是他的偶像。奥巴马竞选时,每一场演讲他都会第一时间找来听,有些经典片段,他都能背诵了。程东林还收集了一些光碟,都是成功激励大师的演讲。

在他看来，这些人，能够成功鼓动人、说服人，是因为掌握了一定的技巧。

妈妈知道他的爱好后，也非常支持他。母子俩常去书店，看到好的书，无论是理论的，还是实战的，都买回来。程东林不仅看，还积极去实践，也是个小演说家了。班上竞选班委，他一上台，总能博得喝彩。大家都喜欢听他演讲，觉得很有感召力。

常有人向他请教演讲技巧，程东林把自己总结的经验都无私传授给了别人。妈妈常鼓励他，也帮他总结经验，使程东林越来越有信心了。

程东林不仅演讲能力非常棒，而且他在与人交往的过程中，也非常善于讲话，总能将话讲到对方的心里去，让人听了很舒服。他的讲话能力对他处理好人际关系有非常大的帮助，这使得他有很好的人缘。

在孩子的成长过程中，善于沟通这项技能让其受益最多。孩子要想办成一件事，就不得不去沟通。如何高效简洁地传递信息，如何迅速感染、说服他人，需要各种交际技巧。

如今的社会，是一个信息量多并能快速传播的社会。一个人不善于交际，不能迅速、清楚地传达个人的意愿，就很容易被淹没。一个成功的人，必是一个善于传播信息的人，也就是具备一定交际技能的人。

父母都希望有一个优秀的孩子。父母也应该明白，善于交流沟通，是整个时代的需求。孩子要想立足于社会，就得尽快培养交际技能，才能充分展示个人价值。再好的金子，不能展示自己，也终将在信息海洋中被埋没。

任何一种技能，都是在理念指导下不断实践获取的，交际技能同样如此。理论和实践二者缺一不可。父母要认识到这一点，给孩子最好的指引。

1. 支持孩子吸取理论知识

人际交往是一门学问，有大量的理论和实践书籍报刊等，孩子要提升人际交往技能，可以向书籍请教。父母可以给孩子列一个书目，让他先补足理论课。父母先要了解，人为什么要交流，如何交流，这些理论知识有了，才能高效地指导孩子实际的交流活动。

要让孩子学习交际理论知识，就要多读演讲大师的书籍，看大师们的演讲光碟，父母应从物质上支持。把人际交往当成一门学问来学，孩子才能成就显著。如果只是出于一时爱好，不注重基础的理论，这样的人际技巧只是皮毛，让孩子难以有长远的进步。

2. 鼓励孩子参与社会交际活动

有了理论做基础，还要让孩子增加实战经验。学校里、社会上，常常会有这种实战机会，如班委选举、学生会选举、义务活动的宣传等。这些活动都是磨炼交际技能的战场。

学校要组织一次"环保一日行"的活动，赵军回家跟妈妈说他想参加，妈妈马上大力支持。妈妈说："要钱要东西，你尽管说。"赵军说除了生活费，还需要妈妈帮忙借自行车。赵军想组织一个小团队，骑自行车，挂旗帜进行跨城宣传。

　　第二天赵军就忙开了。义务报名的同学，被编成了两个分队，赵军组织大家一起商讨路线，女生负责制作旗帜、写标语等。赵军经常组织各种活动，被推选为此次活动的队长。赵军热衷于这类有意义的社会活动，由于在活动中会有许多与人交流的机会，所以也使他轻松掌握了人际沟通的技巧。

孩子的交际技能，需要在大量交际活动中历练。学校里、社会上，只要有这种活动，父母都要鼓励孩子积极参与。在这些活动中，如何协调人员，如何组织分配，每一个环节都离不开交际。孩子多历练，这种技巧才会越来越熟练。

3. 给孩子制造演示舞台

学校或社会的活动机会，也是有限的。孩子的交际技能，需要大量的活动来磨炼。对此，父母也可创设场景，给孩子制造锻炼机会。例如，常举办家庭联谊会，让孩子来安排；家里常请客人来玩，请孩子来接待；常请小朋友来玩，让孩子合作；常组织社区游戏，让孩子参与等。

　　程小莱有些胆小，遇人不爱说话。妈妈知道，是孩子的生活环境太封闭了，与人交流的机会太少。妈妈开始留心，小区有哪些孩子和他同龄，有机会妈妈就主动和他们联系，帮小莱结交朋友。一段时间以后，小莱家里常有小朋友来拜访。

周末到了,妈妈约上几家人,一起带孩子去广场做游戏。无论是玩球,还是玩车,小孩子在一起,总是特别高兴。有了同龄人的陪伴,小莱也变得活跃多了。走在路上,见到熟人了,小莱还会高兴地和大家打招呼。

有些孩子不善于交流,不喜欢交流,这种现象,与孩子的居住环境有关系,与父母太忙也有关系。父母要锻炼孩子的交际能力,就得让他多与同龄人交往。方法总是有的,只要父母多费点心,就能创设出许多场景,让孩子得到锻炼。

4. 鼓励孩子向高手请教

年龄较大的孩子,要想提高自己的交际技巧,不妨向高手请教。孩子的朋友、同学中,有谁人缘好,有谁会演讲,都可以去请教。孩子自己也能观察、总结一下,他人的经验是什么。

生活中,如果孩子对这类高手流露出羡慕之情,父母可及时鼓励他,让孩子大胆去向高手请教。这些高手的交际技巧更通俗,更自然,也更容易学。孩子要提高自己的水平,一定不要忽略这一学习途径,多观察揣摩,就能学到不少技巧。

教孩子学会与异性交往

一次家庭教育报告会之后,一位年轻母亲说:"我的儿子上小学二年级，有一天晚上认真地对我说：'妈妈，我有女朋友了。'我问是谁，他回答：'是芳芳，我们俩可好了。''你们好到什么程度？''都亲过嘴啦！'"这位母亲述说这件事时，态度平静。

显然，她认为这是孩子天真地模仿大人的表现，假如是一个小学高年级或初中学生对母亲说了同样的话，家长肯定会非常生气、紧张、焦虑。事实上，小学高年级或中学的孩子是不会对家长说这些话的，即使他有过"交朋友"的经历。这就给我们提出了一系列问题：男孩女孩该不该交往？家长应该怎样进行教育指导？会不会发生早恋现象？影响了学习怎么办？

我们首先应该明确：交往是人的基本需要之一，没有交往，人不能发展；而交往能力是人的重要能力，交往能力高低决定人的交往水平与质量。同性交往和异性交往对人都是重要的。交往能力应该从小培养，否则可能造成交往能力低下，那样的话，对孩子有百害而无一利。

一般的家长都知道交往和交往能力的重要，所担心的是，孩子与异性交往可能出现早恋，甚至学坏，影响学业，影响成人成才。家长们的担心有一定道理，因为确实有一些小学高年级和中学的孩子过早地"谈朋友"，给他们带来不良影响。

为了既能正确引导孩子与异性交往，又避免早恋，在这里有必要把孩子们青春期的异性交往发展特点作些说明。据专家研究，孩子们青春期异性交往发展特点分为四个阶段：

第一个阶段是"朦胧期"：女孩子从9岁到11岁左右，男孩子从10岁到12岁左右，是性意识和性爱的朦胧期。此时男女孩子性机能尚未成熟，但已确认了自己的性别角色，对性别差异敏感。男女孩子在一起感到拘束、害羞，往往采取疏远和躲避的态度，而对成年的异性，又往往表现出过分的亲昵和依恋。

第二个阶段是"爱慕期"：女孩子在 11 岁到 13 岁左右，男孩子在 12 岁到 14 四岁左右。此时，男女孩子在一起觉得有意思，异性之间互相观察、欣赏的兴趣增加，注意异性的谈话、表情、动作。而且开始注意自己的服饰、举止，想给异性留下好印象。对于异性之间的接触，往往自觉不自觉地在性爱上浮想联翩。然而，此时异性之间的好感是泛泛的，没有具体对象。

第三个阶段是"初恋期"：女孩子从 13 岁到 15 岁左右，男孩子从 14 岁到 16 岁左右。这时，男女孩子的性机能都已成熟，对性的体验明显增加，内心开始萌发初恋的"幼芽"，在年龄相近的异性中，发现较喜爱的对象，给予特别的注意与关心，寄予特有的期待。感情上希望多接触、多交往，而理智上又有种种顾虑。有的孩子，此时的注意力可能在几个异性身上徘徊。这一阶段，孩子更注意自己的外貌和打扮。

第四个阶段是"钟情期"：钟情，就是很专一地倾慕、爱恋某个异性。这个阶段一般在初中时，男孩子比女孩子晚些。此时，往往出现"痴情男女"，一旦倾心相爱，便不顾一切。由于涉世未深，对人生没有充分认识，往往陷入庸俗低级的趣味之中而难以自拔。一旦受挫，会意志消沉，产生厌世心理，有的还可能走上放纵自己的道路或者轻生。

以上是孩子们青春期异性交往的普遍性发展特点，而每个孩子会有自己的特殊性，家长应该随时观察了解孩子的表现，给以及时正确的引导。

这里，我们给家长提出几点参考建议，家长可根据不同年龄段特点，超前教育引导，防患于未然。

对于处在"朦胧期"的孩子，要引导他们正视自己的性别角色，在与异性同龄孩子的交往中要大方、诚恳，克服拘束、害羞心理，而与成年异性交往，不宜过分亲昵。父亲对于女儿，母亲对于儿子要特别注意，适度亲近，不要过分。

对于处在"爱慕期"的孩子，要教育孩子尊重异性和自我尊重，注意自身的仪表和文明礼貌，多关心班集体的事情，为集体出力，男女同学坦诚合作，不随便盯看异性同学。孩子在这时期正是性渐渐成熟的时候，家长要配合学校进行科学的性生理教育，正确对待性生理现象，避免因生理现象而出现盲目紧张和盲目好奇。家长要认认真真、大大方方地给孩子讲有关知识和正确对待的方法。

对于处在"初恋期"的孩子，家长要教育引导他们多参与群体活动，尽量减少与异性同学单独接触的机会，特别是不要跟某一位异性同学过多地单独接触，避免萌发初恋之情，牵扯精力，影响学业和全面发展。教育孩子与异性交往注意自己言行，不随便逗闹，不动手动脚。

对于处在"钟情期"的孩子，要教育他们全身心投入学习和集体生活，用意志力克服自己与异性交往的感情需要，树立高尚的人生目标，做有远大抱负的青年人。让孩子懂得"战胜自己，超越自己"是成人成才的关键。要正面严肃地对孩子进行婚恋观的教育，排除不正确思想意识的干扰。

父母要规范自己的言行，给孩子以积极的良性影响。夫妻之间感情和谐又不失互相尊重，不说带有性别歧视的话，诸如

"女人头发长见识短""男人都特别坏,没有好东西"之类。在实际行动中,表现对对方的真诚关心与人格的尊重。在孩子面前,不做过分的亲昵动作,不穿过于暴露的衣服。在与家庭以外的人接触中,作风正派,注意道德规范。

正确对待孩子与异性同学的交往,既不听其自然,也不捕风捉影。

有的家长对孩子与异性的交往不闻不问,顺其自然;也有的家长严密监视,捕风捉影,随意训斥。这两种极端都是不对的,很难使孩子形成正常的与异性交往的能力。

家庭应把孩子与异性交往的问题纳入自己的家庭教育计划,认真学习一些东西,思考教育引导的具体方法和措施,坚持正面教育为主,可以把自己少年、青年时期的经验教训讲给孩子听,引导孩子走好人生之路。

对于确实出现早恋苗头的孩子,不应盲目苛责,强制压服,避免不良后果。

有的中学生确有早恋苗头,单独约会,卿卿我我。家长知道了,往往怒火中烧,采取强迫措施,严厉对待,棒打鸳鸯。这样做往往适得其反,导致不良后果。正确的做法是,克制、调整自己的情绪,与孩子谈心,了解情况,以真诚帮助之心使孩子说出心里话。然后给孩子分析利弊,以长远的目光来调整自己的认识和行为。教育孩子认识到:春天有春天的事情,夏天有夏天的事情,不要把夏天的事情提前到春天来做,那样害处太多。同时把解决问题的主动权交给孩子。之后,要经常了解情况,及时帮助指导。家长要始终保持坦诚、关切、严肃、认真的态度。

第十章

好好说话，培养孩子好性格

影响孩子心理健康的因素

儿童时期是人生发展的关键时期，在这个时期，如果教育适当，孩子会形成良好的个性和心理品质。但很多相关调查都显示，儿童时期的许多孩子已经表现出很多不良的个性特点，这就可能导致他们产生心理问题。孩子心理发展的最基础、最重要的环境就是家庭，这不仅有遗传方面的原因，也有父母对孩子影响等方面的因素。对孩子心理健康造成不良影响的因素主要有以下几种：

1. 教养方式不当

有的家长认为，他们的责任就是让孩子吃好、穿好、健康成长，但这却把孩子的心理健康问题忽视了，尽管他们对孩子的衣食及身体保健舍得投资。在现代，很多家庭都存在着只重视积累知识，却忽视行为习惯培养的问题；重视孩子身体营养，却忽视情感培养。比如孩子在家中高兴地讲一些开心的事或问一些问题时，家长觉得烦，不予理睬，孩子体会不到情感上的满足和快乐，久而久之就会变得冷淡。

2. 家长的教育观点不一样

假如孩子在幼儿园出了问题，幼儿园老师找到家长，找父亲的话，孩子回家后会被父亲责骂；找母亲的话，孩子回家可能免不了受皮肉之苦。这样，孩子就会知道能够从父亲那里得到很多好处，这样久了，孩子在父母面前就会不一致，进而，在老师和家长面前也会表现得不一致，慢慢地就习惯说谎。

3. 以成人的视角看问题

其实有很多事在孩子看来都不算什么，但是有些家长却从不正确的角度看待，使问题扩大化了。比如当家长看到老师让孩子劳动而老师却在聊天，家长就会认为老师既然不参与，孩子也不用干，这对孩子是很不公平的。但孩子却觉得这是集体活动，非常有趣。家长和孩子的感觉完全不同，反而让孩子不能接受，以后孩子长大后也会变得对任何事都小心眼和斤斤计较。

4. 祖辈与保姆代养的问题

通常，如果家长因忙于工作而没办法全身心照顾孩子时，他们会请人帮忙照顾孩子。但这样做存在很大的弊端：一方面与父母相比，祖辈和保姆的知识水平通常较低，他们只会看管孩子却不知道怎么教育孩子，因此他们远不及父母对孩子的心理健康所起的作用大；另一方面为了避免孩子受伤，祖辈和保姆总是会限制孩子的自由，或对孩子进行恐吓，这也不利于孩子的身心健康发展，会导致孩子对新事物怀着恐惧之心及出现懦弱胆小、运动能力差、害怕危险等现象。

对于上面出现的问题，我们列出以下对策与建议：

（1）家长要积极评价孩子，还要适时给予其表扬。一直这样做下去，才会让孩子逐渐建立自信心，慢慢孩子会做得更好。

（2）家长要注意改变自己的形象。假如你对孩子的某些特点不满意，要看一下自己是否也这样，假如有，让孩子和自己一起改正不良习惯。

（3）家长不要对孩子要求过高，不然就会把孩子的积极性和自尊心挫伤。

（4）家长要积极调整自己的心态。尽量多地看到事物美好的一面，尽可能从积极角度来理解和评价，这样才能积极评价自己的孩子给他们树立榜样。

（5）家长要为孩子创造一个良好的家庭环境，营造和谐的家庭气氛。要充分发挥合作的功能，让孩子参与家务劳动；要加强和孩子的交流，让孩子在家中享有民主平等的地位。

（6）家长要与老师保持紧密的联系，也要跟孩子同伴的家长经常交往，及时了解孩子的状况。

（7）父母必须了解一些关于孩子身心健康的知识。这样当孩子出现心理问题时，如果家长自己解决不了，要马上找相关专家进行咨询。

让孩子拥有健康的性格

有这样一句话，性格决定命运。性格往往能决定一个人能否获得成功，能否获得幸福。美国曾经有一项研究证明这点：从25万儿童中选择1500名智力较好的儿童，跟踪调查他们的成长,过了30年,这些孩子中有一部分很有成就,也有人沦为乞丐。

当今的社会被"性格决定命运""性格决定成败"等观念充斥着,这是家长很关注的问题:哪个年龄阶段能形成孩子一生的性格? 为什么孩子性格不一? 他们的性格又是怎么形成的呢? 心理学家们每天都在孜孜不倦地研究着这些关于人自身的问题。其实,我们每天唠叨的性格,就是心理学中所讲的人格,即人对周围事物表达出来的自己的态度。

有一个美国心理学家把人格的发展分为八个阶段,孩子逐步成长的阶段是前五个阶段,是父母培养孩子健康性格的最佳阶段。

1. 第一阶段:婴儿期(0~1岁)

柔弱是这一阶段孩子的最大特点,对成人依赖最大,需要成人无微不至的照顾。假如父母能够爱抚婴儿,并且规律地照料婴儿,使他们的基本生理需要得到满足,婴儿就会产生一种信任感,安全感也会因为生理需要得到满足油然而生;相反,假如没有满足婴儿的基本需要,或者没有一直满足,不信任感就会在婴儿和他们周围的人直接滋生,不安全感也会因此而产生。假如这一阶段能积极地将危机解决,孩子就能拥有"希望"这一品质,长大后的人格特征更倾向于积极向上;相反的话,孩子的恐惧感会油然而生,慢慢形成悲观、消极的性格。

婴儿在这一阶段获得信任感,才能形成健康的人格,作为以后各个阶段人格发展的起点。所以在抚养孩子的过程中,父母对孩子的生理需要应适当地满足,过分满足和过分剥夺都是不可取的。同时，在满足程度和方式上要尽可能保持一致性、不变性，不要任意变化，若要变化则要遵循循序渐进的原则，不要超越婴儿适应的范围。

2. 第二阶段：幼儿期（2~3岁）

儿童在这个阶段将基本学会走动、推拉、说话等活动，而且也学会了把握和放开，特别是能控制自己的身体，从而将会产生儿童自己意愿和父母意愿冲突的危机。假如父母能适当限制孩子的行为，多给孩子一定的自由，自主性和自我控制的意识将会在孩子脑中形成。相反，孩子会感到羞怯，并对自己的能力产生疑虑，这些都源于父母对孩子过多的责罚。

假如能够克服这一时期的危机，意志的品质将会在孩子身上形成，长大成年后也就倾向于坚强、自立、自制、自律等；反之，羞怯、意志薄弱、依附、随意、敷衍等消极的特征将会在孩子身上出现。如果太纵容孩子，孩子成年后还会形成不良的生活习惯。如果管得太严，孩子则会出现强迫性特点，例如：洁癖、吝啬等。

自我意识、自我调控能力、适应社会化要求的能力增强，有赖于儿童自主性和自控性的形成，这将严重影响到个人未来对社会和个人理想之间关系的态度和处理方法。因此，父母要理智地管理孩子的情感，要给孩子足够的自由，同时为避免不良行为的发生而进行科学的训练。

3. 第三阶段：学前期（4~6岁）

身体活动更为灵巧，语言更为精练，口语表达能力增强是这个阶段儿童的主要特征。更加关键的是，孩子在这个阶段想象力极为生动丰富，而且已开始了创造性的思维，开始了对未来事情的规划，表象性思维更是发展快速。

所以，童话故事、拟人化的游戏及活动是这个阶段的孩子所喜爱的，而且更容易按照自己的想法去解释世间现象。如果孩子的主动行为和想象力能得到父母的肯定，孩子就能够得到积极的自主性，想象力和创造性会被他们发挥得淋漓尽致；假如孩子主动积极的行为经常被父母控制着，孩子不切实际的幻想遭到讥笑，孩子就会丢掉主动性并且对自己的能力感到怀疑和内疚，开始手足无措起来。

能积极解决这一阶段的危机，"方向和目的"的品质将会在孩子身上形成，自动自发、计划性、目的性、果断等积极的人格特质会出现在孩子成年后。反之，人格特质的消极方面也会在孩子成年后显现，例如：安于现状、不会计划、犹豫不决等一些消极的性格。

有一位心理学家认为，儿童在本阶段主动性发展的程度将决定未来一个人所取得的所有成就。所以，孩子主动性和想象力的充分发挥需要得到父母的鼓励和肯定。适合此时期儿童性格发展的最好形式是游戏。

通过玩游戏，能让孩子的各种器官得到发展，而且能有效增强孩子的认知和社交能力；另外，游戏的重要作用还表现在帮助孩子学会表达和控制情绪，有利于培养孩子的优良品质。因此，父母要积极带孩子玩各种各样的游戏，给孩子一个游戏中学习、游戏中成长的良好环境。

这一阶段其实也是特殊时期，孩子容易产生恋母（恋父）情结。所以父母一定要正确对待你们之间的关系，有意削弱母亲在孩子生活中的重要性。父母自己性别角色的正确扮演尤为重要，给孩子树立榜样，让孩子有一个完整的性别概念，要正确树立孩子跟异性交往的概念。

4. 第四阶段：学龄期（7~12岁）

孩子在这一阶段会经历由家庭到学校的生活环境的转移，扩大了活动范围。孩子的主要活动变成了学习，而且需要非常勤奋。一旦这种勤奋得不到发展，孩子就会产生自卑感，对自己能否成为一个有用的人感到怀疑。积极解决这一阶段的危机，孩子就会变得有能力；不然，孩子就会变得无能。本阶段的勤奋感将决定孩子未来一生的发展。

孩子在这段时间性格不会有太大变化，父母应教育孩子尝试在各个感兴趣的领域中培养和发展自己的才能，要勤奋读书，多参加社会活动，注重孩子生活自理能力的培养，并且要多参加公益活动，做一个朝气蓬勃对社会有贡献的人。

5. 第五阶段：青年期（13~18岁）

孩子在这一阶段要能够思考获得的社会信息，尽快确定未来的人生目标和生活准则，假如做不到这些，孩子就会产生角色混乱，从而不能获得自我认同，个体就不能正确地适应社会环境，变得比较消极，从此将与社会要求背道而驰。积极解决这一阶段的危机，"忠诚"的品质将会在孩子身上形成；不然，孩子便会变得多疑。

孩子一出生就开始形成自己的性格，这对成年后的心理具有举足轻重的作用。 同时也警示父母，孩子性格的塑造要从出生时开始重视，并建立起正常的亲子关系，满足孩子身心发展的各种需要。 良好的性格及心理素质的发展，将比单纯的让孩子多认几个字、多背一些英语单词重要得多！ 这是每一位父母都应该知晓的事。

直接影响孩子性格发展的教育方式

世上没有两个样貌完全相同的人，当然性格也是如此。 最好的性格是什么样的呢？

1. 饱满的热情

无论一个人做什么事情若没有热情，都不可能成功。 很多孩子都有与生俱来的热情，不过，要让他们不受伤害，继续把热情持续下去，不是一件容易的事。 热情的一个特点是脆弱，很容易在生活中被一些小事摧毁。 所以，孩子的热情需要父母的悉心呵护。 心理学研究发现，父母态度将影响孩子的性格，小的时候一般不容易发现，进入青春期之后，就能明显看出来了，并且伴随孩子的一生。

2. 充足的自信

成功的人都有能力迎接各项挑战。 要做到这一点，父母首先要尽早地发现孩子的优点和才能,鼓励他们充满成功的信心,有意识地去诱导他们。

3. 热切的同情心

为了在孩子的心中播下同情的种子,父母要常常关心别人,给孩子做好榜样。

4. 较强的适应能力

孩子的适应能力应该怎样培养呢? 最好的方法是让孩子感受到来自于成人的爱,让他们能早日成熟。

5. 满怀希望

孩子一旦拥有这种特性就会敢于迎接挑战,能在黑暗中看到光明。 要想孩子变成这样,父母本身就应该积极乐观。 应常常告诉孩子:胜败乃兵家常事。 这样,当困难到来时,孩子才会挺起坚强的脊梁,去战胜困难,而不是害怕,不敢向前。

影响孩子性格发展的重要因素之一是父母的教育方式。 相关研究把家长分成溺爱型、忽略型、严格型、关心型、理智型五类。 从这些分类中我们可以发现,从孩子的发展水平来看,其各方面都较低的是前两种家庭中长大的孩子;在行为上部分限制,思想上接纳子女的关心型父母培养出来的孩子,智力一般都比较高;理智型家庭教育的思想、行为都部分接纳不是期望中的行为,孩子各方面的能力都比较好。 可见,对孩子优良品格的形成能起到积极作用的是较好的教养方式。

同时,父母是孩子的第一模仿对象,他们的行为将会被孩子模仿。日常生活中我们发现，父母和孩子真像是一个模子中刻出来的，在很多方面都有相似之处。这是遗传的作用，但同时也说明后天环境对孩子的性格有着非比寻常的影响。

这奇妙的相似之处不仅在父母与子女之间存在着，甚至兄弟姐妹之间也存在着。另外，我们也经常发现，夫妻二人彼此之间会越来越相似，这说明环境对性格形成也有很大的作用，因此，努力为孩子营造一个良好的成长环境，是每个父母义不容辞的责任。

孟母不惜三次搬家，只是为了让儿子有一个良好的生活环境。在母亲的教育下，孟子终于成为中国历史上伟大的思想家，没有让母亲的苦心付诸东流。现代人也许不可能再像孟母那么做，但也应该为孩子营造一个良好的家庭环境。

有一点尚未引起人们足够注意的是：孩子性格的形成与早期生活习惯也有很大关系。常抱怨孩子天性胆小、娇气的父母不知道，正是自己错误的教育方式养成了孩子的这种毛病。孩子性格品质要从小开始培养，建立良好的生活习惯是基础。

喜欢交际的孩子在人面前显得落落大方，具有很强的人际交往能力；相反，跟人很少交往的孩子一般都比较文静，一说话就脸红，极不自然的表情和举止暴露了他们害怕与人交往的事实。所以父母要注意为孩子打造一个温馨的家庭环境，让孩子更善于跟别人进行交往。

对孩子性格有导向作用的是父母的情感态度。现代父母更容易流露自己的情感，这使孩子变得异常脆弱敏感，依赖性强，长期的娇惯让孩子不能被批评，如果父母的声音稍高一点，孩子可能都会因此受惊而哭泣，性格特征的弱点显而易见。一般来说，娇气脆弱的孩子一般没有足够的心理承受力，容易在受到挫折时产生心理障碍。

现在很多家庭都是只有一个孩子，父母的悉心照顾表现得愈为明显，过多地包揽孩子的事情。这种过分忧虑的心理，在语言和行为中不自觉地表现出来，对孩子起到暗示作用。很多父母在孩子想参加某项活动之前，对孩子"按响种种安全警报"，最后让孩子感觉到恐惧，并因此变得胆小。年纪越小的孩子越容易受到这种暗示，父母的性格特点在潜移默化中影响着孩子。

先天遗传和后天生活的环境共同决定了孩子的性格。作为父母，要注意纠正自己的性格缺陷，努力让孩子在良好的环境下成长的同时，还要注意多跟孩子谈心交流，多关心孩子，及时了解他们内心的真实想法，及时纠正他们成长过程中的性格缺陷，等到孩子性格已经形成了再纠正就没那么容易了。

一位心理学家这样叙述性格形成中遗传与环境的关系：

（1）家庭成员之间存在心灵与思想的遗传；

（2）在很多性格特质中，环境因素决定他们的发展及发展程度；

（3）先天已经具备的非常强的性格特质可以在任何环境中得到发展。

我们可以从上述说法中得到这样的启示：当父母为孩子营造成长的环境时，要注意发掘孩子身上存在的特质，使孩子的这种特质能够在最佳环境中得到发展。

让孩子变得更坚强

现在的家庭环境一般都不错,大多数孩子没有经历过苦难。这就让他们容易依赖父母,也很难变得坚强。不过,未来复杂的社会环境不会因为孩子的脆弱而变得简单,孩子难免会遇到失败挫折,面对激烈的社会竞争,没有坚强的性格是不行的。有人曾对150名有成就的智力优秀者做过相关研究,发现智力的发展水平跟三种性格品质有关:一是勇敢面对困难,并坚持到底;二是为实现自己的梦想而不断积累成果;三是对自己有信心,不自卑。可见,坚强是人的性格中不可缺的好元素。

为了让孩子能够拥有坚强的心理素质,让孩子的性格被坚强的意志、美好的心灵和活泼开朗的精神所充盈,造就合格人才,父母应重视孩子的自信心和勇敢精神,让孩子的意志从小得到锻炼,这样在将来才能获得成功。不同的意志力、自信心会体现出孩子所受的不同教育:很多孩子做什么事情都愿意亲自试一下,有一股冲劲儿,不害怕困难;不过也有的孩子胆小怕事,害怕见到陌生人,什么都不敢尝试,父母一说就哭,生活自理能力弱。

心理学研究指出,人对现实的稳定态度以及与之相适应的习惯性行为方式就是性格,这是人格的一个重要方面。坚强的性格有利于让人更积极地活动,有利于智力活动的开展,从而让人在学习工作中总是能达到高效率的办事水平。日常生活中,人都是具有多种性格的,坚强性格是这些性格中最优秀的,坚强性格的人一般具有坚持力和自制力,不害怕任何困难挫折,会在社会中拥有一席之地,能在学习生活中成为宠儿。

那么孩子坚强的性格该怎么培养呢? 以下几点为父母们指明了道路:

1. 让孩子拥有独当一面的机会

让孩子独自做一件事情,例如跟陌生人谈话,自己解决与小朋友之间的事情,自己完成作业等,即便碰到一些困难也不要替孩子做。因为越困难的事情,成功后的喜悦越是让人心情澎湃,只有这样才能增强自信心,让性格变得坚强。

2. 点滴付出磨炼意志

事情都是一点一滴积累起来的。从点滴做起,坚持不懈,能够磨炼我们的意志。很多事业成功的人,都是从无数件小事上成功做起的。以工作精确、细致著称的著名科学家巴甫洛夫,写得一手工整的字,如同印刷品一样。原来在年少时,工工整整地书写就是他磨炼意志的第一步。

高尔基曾说:"使人变得强而有力,只需要对自己一点点的克制。"所以,要想培养孩子的意志品质,要从点滴做起。从小事做起,不过是一个开始。培养坚强的意志品质,要从小到大,从易到难,从低到高地磨炼孩子,伴随着孩子的成长脚步。当一个意志坚强的孩子就站在你面前时,他已经战无不胜了。

3. 增益其所不能需劳其筋骨

"劳其筋骨"作为磨炼意志的一种方法,被大家耳熟能详。完成艰苦的工作,能让孩子变得坚强。可供选择的内容很多,但不可盲目选择,要以安全为前提,不要跟实际分离。要教育孩子:明确目标,选择最佳方式和途径,如果开始行动了,就一定要达到自己的目的。

4. 相信和尊重孩子

通过承担责任让孩子提高自我要求能力和坚持力。心理学研究发现,让孩子担当一定角色,他的性格也可能向这个方向变化。如某个小朋友不注意个人卫生,让他当个卫生员,他便开始注意自己的卫生了,而且在其他一些方面也会有很大的进步。这个例子说明孩子的性格会受大人期望值的影响,因此,每一个父母都应当把自己的孩子当作坚强的孩子来对待。

5. 让孩子保持健康的身体

体弱多病的孩子对自己的健康状况失望,如果心情不好,肯定会害怕很多事物,不能积极对人对事,也不能形成坚强的性格。相反,如果孩子有较好的身体素质,勇气与信心同在,也就能很容易形成积极的性格了。

6 让孩子拥有良好的品德

大家都尊重品德良好的人,每一个孩子都渴望拥有知识和智慧。人的各种心理品质是相互影响的，培养各种积极的良好品德，是坚强性格不可缺少的辅助因素。

7. 要求孩子做一些力所能及的事情

告诉孩子不要轻易哭泣。父母应在孩子未哭时给予鼓励，利用好孩子的好强心理，假如孩子真的不哭了，那么就要让这种效果得到增强。如有些孩子排斥去幼儿园，那么父母一方面要改正孩子的这种心理，另外要告诉孩子"勇敢的孩子是不会哭的"，如果孩子不哭了，要给予适当的奖励，这样，孩子的性格就会变得坚强起来。

8. 不要有性格偏见

很多父母都觉得，女孩子不应该玩冲锋枪，而男孩子玩布娃娃更是没出息的表现。好像女孩子天生就应做饭养孩子，男孩子生来就应该舞刀弄枪，成就一番事业。这种狭隘的观念对孩子的健康发展不利，会导致女孩子的独立性和自信心在过早的女性化中消磨殆尽，男孩子的男性特征也会少了很多细腻和敏感。

9. 耐心对待孩子

虽然很多孩子凡事都坚持自己做，一心想自己独立起来，不过现实中却经常做不到。如吃饭时把食物弄得到处都是，衣服穿得乱七八糟。有一些性子急的父母因为没有耐心，所以以提高效率和节省时间为由，一手包办，这不仅会让孩子自主权被剥夺，同时也会使孩子的依赖心理增强。所以一些专家强调，父母一定要有耐心，让孩子渐渐学着亲自尝试，独立成长，绝对不能心急，任何事都替孩子做，这样只会牵绊孩子的成长。

另外，孩子还经常怀着一颗好奇心问东问西，对于孩子的提问，不要焦急地给予标准答案，以免让孩子不能独立思考判断，最好是一点点地启发孩子，让他们自己找到最后的答案。很多事实说明，当一个复杂问题需要人们做出果断的决定，沉得住气冷静分析的人往往都是性格坚强者；性格软弱者则不同，他们往往在左思右想，瞻前顾后之后把事情弄得一发不可收拾。坚强的性格对孩子成长非常重要，所以父母在提高孩子素质时，一定要重视这个方面。

让害羞的孩子变得大方得体

能在公共场合表情自然大方地展现自我的孩子，总会引来同学父母的羡慕。羡慕之余，父母还会从内心深处为自己孩子的内向而痛苦着急，为孩子未来的交往能力担忧。不过光着急是没用的，作为父母，必须真正行动起来努力改变这个事实，让自己孩子变得大方起来，让孩子变成一个外向开朗的孩子。

1. 口语表达能力的培养

父母可以通过给孩子讲故事的方法让孩子喜欢学习，在讲故事的过程中，如果孩子有问题，要对孩子喜欢问问题的习惯给予肯定和表扬；帮孩子养成记日记的好习惯，父母可以先启发孩子对当天或前一天的生活进行回顾,然后回忆自己感受最深的事情,自由发挥,将自己的快乐伤悲表现出来,也可以让孩子表述,然后父母记录,当孩子说的时候,父母纠正错误,适时引导,帮助孩子丰富词汇。这样,积累的词汇多了,孩子说话时语言自然就变得丰富而充满内涵。

2. 为孩子创造锻炼的机会

如果一个孩子内向,当然不愿意在众人面前展示自己。这时候,父母就要主动为孩子创造锻炼的机会。

有一年,将将和妈妈在外婆家过中秋节。一大家子人热闹地团聚一堂,气氛十分热烈。晚饭后,妈妈提议搞个"中秋家宴文艺演出",得到了大家的支持。

"有谁愿意做主持人呢?"妈妈说。"我!"将将的表姐大喊着。将将抬头看了看,默默无语,很是期待却没有勇气站出来。

妈妈觉得应该为将将提供这个机会。她知道将将最崇拜少儿节目主持人董浩,于是故意说:"嗯,姐姐很像著名节目主持人鞠萍姐姐,那董浩叔叔由谁来充当呢?"

"我!"提到董浩,将将立刻精神了。

在姐弟俩的主持下,节目开始了。

"首先,弟弟要为我们讲一个故事,大家欢迎。"将将神采奕奕地说。

后来,《三只小猪》的故事在小弟弟稚嫩的嗓音中结束,大家都给予了热烈的掌声。

"接下来是姐姐的舞蹈表演,欢迎欣赏。"将将继续着他的主持。

"大家欢迎将将为大家唱歌。"在大家的鼓励下,将将由主持人又变成了演员。

孩子的外公拉二胡,舅舅唱《猪之歌》,孩子们也都跟着唱起来:"猪,你的鼻子有两个孔……"欢声笑语充斥着每一个角落。从此,将将也变勇敢了,在众人面前说话也变得落落大方了。

3. 奖励孩子

喜欢看书的小诗,才五岁就能独自看儿童读物了。聪明伶俐的她得到了幼儿园老师的喜爱,老师总是称赞她学东西特别快。不过,小诗害羞,性格内向,不愿意在众人面前表现自己。例如老师让她上台领操,她摇头表示不肯,但这是很多小朋友求之不得的事儿。再比如她很擅长讲故事,妈妈让她给爷爷奶奶讲个故事听听,她也是拒绝,就算是讲,也是断断续续,扭扭捏捏。

事实表明,优缺点是每个孩子都具有的,父母不能总是把孩子的缺点挂在嘴边,这样无意中会让孩子的缺点强化。父母应当用很轻松的语气告诉孩子,如果他能够表现得大方得体,那么父母每次都会奖励他喜欢的东西,如果做不到,或者讲条件,那就要进行一些惩罚。等奖励次数多时,可以给他更大的奖励。直到他的行为变得落落大方后,就可以改变这种奖励行为了,改用口头表扬的方式。

4. 充分利用生活实践锻炼孩子

很多孩子在家都能侃侃而谈,不过到了外面,就变得懦弱、胆小,不敢表达自己的观点。父母每天应尽量抽空带孩子走向社会,走向群体,以便培养孩子的交往能力,让孩子在与小朋友玩耍的过程中消除懦弱胆小的心理。玩是人与生俱来的本能,玩的过程也是交往的过程,同时,玩得开心会让孩子慢慢变得喜欢跟别人说话。

父母要明确孩子具有的能力,给孩子布置适量的任务,让他们做自己力所能及的事儿。如特意创设机会,将向邻居或周围的人借东西、送物品这种事情让孩子去做。在与邻居、生人来来往往的过程中,孩子会得到与人交往的锻炼,有利于语言表达的练习,交往的态度会随之变得自然、得体。

当父母要去购物时,可以把孩子也带过去,让孩子自主选择要购买的东西。有位很聪明的妈妈,她特意装作找不到要买的东西,让儿子向营业员请教,因为想买的东西是孩子自己想买的,所以孩子很高兴去问。最初,孩子总是依赖妈妈,要妈妈教他怎么说。妈妈也总是不厌其烦地教他,而且还及时鼓励他。最后,孩子就会很大方自然地和营业员交流了。如果买的东西不多,妈妈还会把钱给孩子,把购买的任务交给儿子。这不仅让孩子的社交能力得到培养,又锻炼了他的独立生活能力,可谓一箭双雕。

父母和孩子的老师多沟通、多交流,有利于孩子在学校里表现得出色,方便老师掌握孩子的性格特点,以及点滴变化。学校老师的关心、帮助有利于孩子在课堂上踊跃发言和积极思考。

5. 积极给孩子创设做客的氛围

父母带孩子一起去做客，有利于孩子的成长。当还没去做客时，告诉孩子要到哪去，对方的基本家庭情况等，让孩子心里有数，让孩子怕生的心理降到最低，同时让孩子产生想去做客的欲望。例如："今天我们要去的阿姨家，有很多好玩儿的玩具，还有一个漂亮的姐姐，姐姐和阿姨都知道宝宝很厉害，而且很有礼貌，都很喜欢宝宝"，从而让孩子的自信心在这种情况下增长。

此外，为了让孩子体会小主人的自豪感，可以经常将客人请到家里来做客。这些客人，可从孩子比较熟悉到从没接触过慢慢变化，从而让孩子的交际圈逐渐扩大。当孩子接待客人时，要给孩子一个锻炼、提高的机会，父母不能急功近利，要让孩子自己慢慢摸索。例如，让孩子向客人打招呼，跟客人一起分享自己喜欢的东西，分享自己的得意成果，再鼓励孩子跟客人沟通交流，在客人面前展示自己的才艺等等。

同时，及时表扬、鼓励孩子是父母必做的功课。在孩子跟陌生人接触的过程中，对孩子的表现表示关注，并对孩子的每一次进步给予真挚的肯定和鼓励。如语言亲切的表扬："今天宝宝的表现好棒哦！能够主动跟叔叔阿姨打招呼，他们都夸你呢。爸爸妈妈也真替你感到高兴。"有时，也可以将贴纸、图书、食物及小玩具等作为奖励，让孩子感受到成长和进步。总之，父母只要给孩子机会，那么必会得到孩子给予我们的回报。用心浇灌，并持之以恒，孩子就一定会进步的。

培养孩子开朗乐观的性格

乐观是一种良好的性格,很多孩子天生就比较悲观,但有些孩子则恰好相反。心理学专家研究发现,人是可以培养乐观的思想的,尽管乐观的品质并不是孩子天生就具备的,但通过后天的培养可以获得。

1. 勿对孩子控制过严

孩子天真烂漫的童心有可能被严格地压制,这样不利于孩子心理健康的发展。家长应该根据孩子的不同年龄让他拥有不同的选择权。孩子只有从小就能自由选择,才能获得真正的自由和快乐。

2. 在有意义的活动中感受快乐

无论是成功的体验还是做了有意义的活动,都是快乐的重要来源。孩子完成某些事就会感受到快乐,因为他把一件事情做完了,取得了成就。在获得成功的过程中,孩子同时也得到了快乐,而且还能获得自信心。

3. 教会孩子与人融洽相处

跟别人相处能让自己的内心变得更热情。父母应该带孩子多接触不同性别、年龄、性格的人，让他们与不同类型的人能够相处融洽。孩子必须学会跟家人和亲戚友好相处。另外，家长自己也应该和他人友好相处，待人真诚热情，不在背后说别人的坏话，做孩子的好榜样。

4. 物质生活避免奢华

如果孩子的物质生活太丰富，便容易养成奢侈的性格，而对于物质的片面追求，孩子又常常很难获得自我满足，这就是为什么贪婪的人大多都不快乐的原因。不过，那些生活简单的孩子，即使只是一个普通的玩具也能倍感满足和开心。

5. 让孩子爱好广泛

如果孩子只有一项兴趣爱好，那么就会很难保持长久的快乐。试想一下：只喜欢看动画片的孩子如果没有可看的动画片时，肯定会不开心。相反，假如孩子在看不成电视的时候喜欢看书、读报或玩游戏，那么孩子便能从这么多事中获得其他快乐。

6. 保有一颗平常心

一个乐观的人能够看淡一切，不管是成功还是失败，是痛苦还是幸福。现在孩子大多生长在温室中，没有经历过太多的风雨，很少面临艰难困苦，更不知道该怎么去面对。让孩子尽量接触各种事物，接触的事情多了，见识广了，心胸自然就会开阔，也就不容易产生悲观思想。要教会孩子心态平静地去对待世界，不要消极对待。鼓励孩子多参加课外活动，刚开始的时候，可以向孩子暗示要主动提出问题，然后进行学习。接下来，如果孩子开始主动学习了，父母可以对孩子进行奖励以鼓励孩子继续这样做。

7. 引导孩子学会摆脱困境

即使是乐观的人也不会事事顺心，也不可能做到永远快乐。当孩子还小时，父母就应该开始培养他们克服困难的能力。如果孩子一时还不能摆脱逆境，要告诉孩子要学会忍耐，学会在逆境中寻找生活的乐趣。

8. 拥有适度的自信

自信是快乐的来源之一。不过也有很多自卑的孩子，家长一定要及时发现他们的优点，并恰当地多给予其鼓励和表扬，要帮助孩子克服自卑心理然后建立自己的自信心。

9. 创建快乐的家庭气氛

孩子们从小生活的家庭氛围，在很大程度上对孩子的性格会有影响。研究发现，对周围的情绪和氛围，孩子很小的时候就能感觉到，尽管他还没学会用语言来表达自己的感受。可见，如果一个家庭气氛不和谐，或者是不和睦的家庭，培养出来的孩子肯定不会乐观开朗。

引导孩子树立正确的竞争意识

小军特别喜欢跟别人比赛,一旦赢了就很得意,输了则会大发脾气。上幼儿园大班后,他总是喜欢占上风,喜欢跟同伴比,不管是踢球还是家里的玩具,一定要超过别人。有一天,他竟然还说:"我是我们班第一个换牙的。"父母被他搞得手足无措。

小军父母觉得十分矛盾,孩子现在的状态虽然不好,不过在竞争激烈的社会大环境中,这种竞争意识还是很好的,如果淡化了孩子的这种竞争意识,对他未来在社会上的生活是不是也不利? 由于父母内心的这种矛盾,让他们不能正确地教导孩子。他们既想让孩子轻松学习,体会童年的快乐,不要害怕自己不是最棒的,又想让孩子通过自己的努力而在竞争中获得成功。 小军的父母不知道到底该让孩子树立怎样的竞争意识。

1. 培养孩子正确的竞争意识

自我意识的发展与竞争意识密切相关,在与他人的比较之下才能体现出自我意识。 这一意识发展的重要期是幼儿期,为了让孩子的这种心理得到更好的发展,家长需要教导孩子展现自己的独立人格。 孩子自我意识发展的一大表现就是竞争意识的萌芽，当家长意识到孩子发展自我意识时要及时进行鼓励。

2. 培养和发展孩子的个性

竞争状态能激发很多孩子不易觉察的潜能，家长如果能正确地把握，便会促使孩子更好地发挥。心理学研究发现，个性和竞争能力密不可分，个性良好的孩子，能更积极理智地处理问题。家长应该针对孩子本身的个性和兴趣特长，让孩子建立完整的人格，让孩子变成一个愈战愈强的人。

但一般自我意识强烈的孩子，通常情况下还不知道怎么跟别人相处。家长应该让他知道：如果他争强好胜，反而会让大家不高兴，这样会失去友谊。

3. 端正孩子的竞争心态

假如孩子的竞争心太强，家长应该先着手端正孩子的心态，使孩子懂得竞争是个机会，可以更好地展示自己，这其实也是一件美好的事情，要从容地看待竞争中的成败得失，避免嫉妒或骄傲自满，学会面对挫折，并且诚心诚意地祝福对手。孩子应该知道，在竞争中胜利虽然是一件值得骄傲的事情，不过保持和同学之间的良好合作关系也是未来社会中必需的。

让孩子大胆地说出心里话

孩子内心的话你是否能真的知道？孩子有了心里话该对谁

说？关于儿童的调查表明，他们烦躁或苦恼时，在选择倾诉对象方面，老师不如家长，这也就意味着他们更愿意跟家长说心里话，不过在家庭生活中家长却很难做到这点。家长在碰到孩子抵触的态度时，大多数都会大吐苦水：真不知道孩子的真正思想是什么？怎么他都不愿意让我知道？由此可知，想开启孩子的心扉，真正了解孩子内心所想，是父母必须要做的。要想让孩子真正感受到父母的爱，就要耐心地倾听孩子的诉说，这样可以让孩子更加亲近父母。孩子把自己的想法告诉父母，也有利于家长对他们进行正确的指导。

很多父母即便跟孩子整天在一起，也还是对他们不了解。无法了解孩子的意见，就难以有效地指导孩子成为自己所希望成为的人。父母可以与孩子下棋、一起听音乐、看球赛、游泳，培养跟孩子的共同爱好，从而使父母和孩子能更好地交流。

家长下班后应该常常与孩子聊天说笑，培养情趣，共享欢乐。父母首先要亲近孩子，得到他的信任，他才会主动说出自己所想的。孩子只有对自己感觉亲近的人，才会无所顾忌地交流。

要让孩子信任自己，就要让他感觉到你是信任他的。平常和孩子的相处模式，应当是轻松和快乐的，和孩子就要像和朋友一样谈天、玩乐、打闹、开玩笑，让幽默和情趣充满整个家庭。另外和孩子讲话时，要让孩子看着自己，自己也要以信任的眼光看待他，这样本身也是一种沟通与交流。

有个孩子刚从奶奶家被接到父母家，一次母亲将炒好的鸡蛋端到桌上，然后回到厨房继续炒其他菜，这个孩子很快就把鸡蛋吃完了。母亲再次来到桌旁看见鸡蛋被他吃完了,没有责备他,只是对他说:"我们都还没吃呢,你自己怎么就吃完了呢?"孩子没说话,却偷偷哭了。

妈妈说:"你干吗这样啊,没打你没骂你,你为什么哭?"在询问后才知道,在奶奶家时,奶奶都是这样让他吃的,并且还会表扬他呢,但奶奶从没告诉他,当别人还没来得及吃时,自己不能把饭都吃完。母亲给孩子耐心地讲完道理后,孩子从此懂得了做事情不能太自私,要想着身边人。

如果那位母亲只是对孩子的错误进行责备,那就只能让孩子受到委屈而得不到教育。一般孩子考虑事情,都是非常幼稚和单纯的,这时父母万万不能妄下评论,不能对他轻视或嘲笑,反而要仔细听取他的意见,和他一起探讨如何解决问题。让孩子先说,然后父母再加以评论和引导,要看重事情的现状,分析得失利害,让他自己独立认真面对困难挫折。孩子把心里话说出来,即使有时会非常荒唐,父母也不要嘲笑,更不能加以责骂。父母要让孩子把自己的意见说出来,而且要让孩子知道父母是很重视他的。

孩子在成长过程中会做错事,说错话,这是不可避免的。针对这个情况,父母应该耐心地开导,让孩子明确地知道自己错在哪里。

1. 多和孩子聊天

现在大多数的父母整天都很忙碌。赶快洗澡、赶快吃饭、赶快写功课、赶快……这是一般的家长经常挂在嘴边的话。每天都这么急忙,就没有时间和心情与孩子聊天。但是,不常常和孩子聊天,又如何知道孩子在想些什么、做些什么呢?

无论再忙,也要找出时间和孩子聊,这才是合格的父母。经常和孩子谈话,多倾听孩子的想法,也适当地给孩子说些道理听,适当地给孩子一些管教,让孩子明白是非对错。在孩子即将犯错时,一股约束力量自然就会出现在心里——这种事爸爸妈妈曾跟我讲过不应该这样做——这样也就避免了错误的发生。

2. 学习倾听孩子的话语

大部分人都喜欢诉说,而不喜欢倾听,特别是父母对孩子,更是滔滔不绝地对孩子说"要乖乖听家长的话"。但是这样又怎么会知道他的真正想法?不听孩子说话,又怎么能了解他、教育他?因此,父母想让孩子听话,首先要学会倾听孩子的话。

在孩子说事时,父母不要总想打断孩子的话,只要时不时对孩子点头微笑示意,或说几句简单的话鼓励他接着说就行了。假如孩子感觉到父母感兴趣,那他一定也会有兴趣继续跟你说话。

3. 鼓励、说理代替责骂

"懒得理你"是很多孩子经常挂在嘴边的,当孩子对父母感到失望,就会用这种态度对待父母。因为,如果孩子长时间和父母沟通效果都不好,他们就会干脆什么都不说了。是什么导致沟通不良？孩子以前也许是很喜爱和父母说话的，但经常是刚开口说话，就立刻招来一顿骂，这样久而久之，孩子就不愿意再多和父母说了。谈心、聊天是沟通的开始，而良好的沟通除了能了解孩子的动向，也有利于改善父母和孩子的关系。

第十一章

好好说话，孩子才能养成好的生活习惯

好习惯将使孩子受益一生

教育家叶圣陶曾说:"其实教育就是培养习惯。"培根也曾说:"习惯主宰着你的人生。"为什么这么说呢? 是因为习惯一旦形成,就会成为半自动化的一种潜意识行为,对未来的人生发展有很大的作用。 良好的习惯就像是人存放在自身当中的"道德资本",会让人一生都受益无穷。

在诺贝尔奖得主的一次聚会上,有一位记者问一位科学家:"请问,你觉得你在哪儿学到了最重要的东西?"

这位科学家回答说:"幼儿园。"

"您在幼儿园学到了什么?"

"学到了自己的东西要分给其他小朋友;不是自己的东西就不要拿;做错了事就要学会道歉……"

其实,这位大科学家所谓的最重要的东西,就是良好的习惯。

习惯会跟随孩子一生,对孩子的未来有很大影响。 一个人如果能养成好习惯,就能提高自己做事的各方面的效率,下边是几个具体表现:

(1)习惯一旦养成,就能自然地完成所有事情,既节省了精力又提高了效率。

（2）习惯一旦养成，人的动作会变得更加协调、准确，就可以得心应手地从事某些复杂的工作。

（3）习惯一旦养成，就会长久地保存下来，以后也就更好坚持。

习惯是在生活中慢慢养成的，要想使自己的孩子更出色，从小就要培养孩子的好习惯。那么，父母该怎么做呢？下边几个方面父母可以参考：

1. 明确要求，严格执行

父母应该要孩子明白自己的行为习惯，清楚自己在做什么。"没有规矩，不成方圆"。在孩子了解清楚以后，孩子就应严格实施。父母不能只提要求，却不在行动上加以督促。如果对孩子要求不严格，遇到困难时就放任孩子打退堂鼓，不仅不能使孩子养成良好的习惯，反而还会加重孩子的惰性，让孩子更加散漫随性。当孩子培养好习惯时，常常会有相反力量在作祟。如果有一次孩子误入歧途，就可能对孩子的一生产生不良影响。

因此，一旦提出了对孩子的要求，父母就应严格施行，不要做任何退步，也不要轻易改变。这样，孩子的良好习惯才能养成。

2. 当孩子有了好的表现时要及时鼓励

有一位心理学家曾说："人性最深层的需求就是渴望得到别人的赞赏。"著名作家马克·吐温也曾这样说："如果得到一个美好的赞扬我能多活上两个月。"谁都希望自己的优点和长处得到别人的赞扬和赞美，天真烂漫的孩子更是这样。所以，在恰当的时候父母要对孩子有一些赞扬。

父母要鼓励孩子有很多办法，对于孩子来说，即使只是一句赞赏的话，一个信任的神态都可能是不小的鼓励。当孩子自己动手叠被、整理房间时，父母可以告诉孩子："自己的事情学会了自己做，真棒！"当孩子为他人、为社会做了好事时，父母可以告诉孩子："爱护他人、助人为乐是了不起的行为，你真让爸妈感到骄傲和自豪！"当孩子遇到挫折失败时，父母可以告诉孩子："这些挫折只是短时间的，爸妈相信，只要你继续努力，你就一定可以获得成功的！"

3. 树立正确的教育理念

每当一个新生儿诞生，父母都会觉得无比开心，全家都沉浸在幸福的海洋中。正沉浸在欢乐中的父母，都想让自己的孩子受到良好的教育，不过却常常因为教育方法不得当或者其他方面的原因，不能真正把孩子教育好。相关数据表明：未成年犯人和普通未成年人之间的差异就是父母对孩子思想品德的关心程度不同。前者的父母很少关注孩子的思想品格；而后者的父母则是非常关注。"重智轻德"的错误教育观必然会导致孩子形成很多不良习惯。

父母有教育孩子的责任。马克思说："对子女进行教育是父母的责任。"父母不要总是高高在上，要学会尊重孩子；面对新知识，家长要和孩子一块儿学习；向古代的优秀人物学习，向身边的人学习。作为父母，要自觉学习教育孩子的方法，不断提高自身的教育水平，特别是在培养孩子良好习惯和矫正不良习惯的能力方面。

4. 防微杜渐，及时矫正孩子的不良习惯

父母不能太骄纵孩子的行为。父母一定要把孩子的坏习惯消灭在萌芽状态，以防患于未然。不然，当孩子的坏习惯发展到违法犯罪的行为时，就已经太晚了。父母要让孩子知道"勿以恶小而为之，勿以善小而不为"这个道理，及时矫正孩子的不良习惯。

5. 做好打持久战的准备

习惯是需要慢慢养成的。美国一项研究发现，一个习惯需要21天才能养成，但这21天只是个平均数，每个人的学习程度不一样，养成一个习惯所需时间也不一样。虽然我们无法确定让孩子养成一个习惯究竟需要多长时间，不过我们能够确定的是，培养的时间越长，这个习惯就越不容易改变。所以父母应该坚持让孩子养成好习惯。虽然这对于父母来说是十分艰巨的任务，不过为了孩子未来的发展还是一定要让孩子坚持下去。

习惯需要用科学合理的方法培养，这样才能让孩子更好地发挥自己的特长。

可以说，一个好的习惯会使孩子受益一生。

教育孩子要养成勤俭节约的好习惯

某小学刚开始的时候举行了一次展览。"展品"都是学生们扔掉不用的文具，其中包括橡皮、铅笔、尺子、胶带、钢笔、修正液等。关键是它们还能使用。为什么这些文具还能用就已经被丢掉了？这主要是因为孩子们还没有珍惜自己物品的意识，没有养成节约的意识。这一代的孩子生活在丰盛的物质条件中，父母们都觉得自己当年条件不好，不过现在条件变好了，再苦都不能苦孩子，再穷也不能穷学习。所以什么都跟孩子备齐了，因此孩子也都表现得很不在乎。

勤俭节约不仅是一个好习惯，还是中华民族的传统美德。它不但能让家庭保持富足，而且还能培养孩子艰苦创业的精神和奋发向上的品质。很难想象，一个不会勤俭节约只会花钱的孩子，未来怎么为国家出力。

曾经有一个故事这样讲道：

一个人突然从一无所有的穷人变成了一个很富裕的人，许多人都去找他询问致富的方法。他说，如果你有一个篮子，每天早晨向篮子里放10个鸡蛋，但是晚上拿出9个鸡蛋，到最后会出现什么情况呢？

"慢慢地，篮子会装满鸡蛋的，"有人回答，"因为我们每天都在篮子里剩了一个鸡蛋。"

听完,富翁接着说:"致富的原则就是每天为自己存一点钱。"

这个故事讲了这样一个道理:你一定要学会勤俭节约,不然永远不会有很多财富。对你来说一元钱可能微不足道,不过它却能让财富慢慢增长。一个人如果能养成节俭的习惯,不乱花钱,减少不必要的消费,那么很多人都不会说自己穷了。

不过这对于很多人来说都是一件困难的事情。因为许多人甘愿艰苦地工作,但能够做到生活节俭,不乱花钱的人很少。那些习惯把辛苦工作赚来的钱立刻就花掉的人,没有多久他们的收入就会被吃喝一空,他们不会拿出一些来存着,以备将来不时之需。因此当金融危机来临,他们就陷入了困境,甚至还要破产。他们从来不为未来做准备,所以才会这么窘迫。

父母要从小事上培养孩子的好习惯,就拿孩子常用的作业本来说:

中中已经上五年级了,他的作业本经常未用完就急着换新的。看着这些作业本都还是没用完的,妈妈多次提醒他,不过却基本上不起任何作用。放假前,妈妈让他整理自己的作业本,清点完了后,妈妈问:"你数数总共有多少页?"

"96页。"

"能做成几个本子?"

"如果每本30页的话,那么可以订三本。"

"若不是今天整理,那么你就把这些当废纸扔了吧?"

中中惭愧地低下了头。

妈妈又说:"看起来一两张纸不起眼,但积少成多,你看你多浪费。平时你最爱看书,也知道造纸是多么不容易!但是看你丢了多少纸张,这不是钱多钱少的问题,如果这样长期下去,你就会养成浪费的坏习惯。你要培养节俭的好习惯啊!"

让孩子养成节俭的习惯其实就是一种理财教育,不过很多父母都故意不在孩子面前提到钱,生怕让孩子过早接触钱而形成对金钱的错误认识。不过在美国,从3岁就已经开始对孩子进行理财教育;在英国,他们在小学就设置了理财教育课,并随着孩子年龄的增长开设不同的理财教育内容,让孩子从小就开始接触金钱,树立正确的金钱观。

在现代社会上,商品种类繁多,不仅吸引着成年人的目光,对于喜欢追求时尚的青少年来说,这也是很大的诱惑。然而,在比利时生活的孩子们,他们从小学就已经开始理财了。孩子们经常会说"我的钱还不够,这个东西我还不能买""要等到商品降价时我的钱才能用"这一类的话,因为他们懂得,爸妈不会给他们多余的零花钱。在比利时的父母眼中,零花钱能让孩子初步学会理财,而不是只是为了让他们享受这个世界的物质条件。

在他们的课本中,他们不会以故事来教给孩子要节俭的道理,而是父母对孩子言传身教。在比利时,一般从八岁开始,每周孩子们就能从父母那里得到零花钱了,不过没有太多,大多是几枚硬币。要想买到自己喜欢的东西，孩子们必须一点一滴地慢慢积攒。父母绝对不会多给孩子钱的，所以孩子必须要自己会计划。当然，假如孩子没有足够的钱，又特别想买那个东西时，父母会借钱给他，不过以后还要还的。这能让他们更好地学会理财，树立正确的金钱观。

对于孩子来说，让他们从小就学会节俭是一件很重要的事。父母的消费方式和行为潜移默化地影响着孩子。所以，父母做事的时候要注意，在花钱之前，一般要先给孩子制订一个消费规划。同样，当父母给孩子零花钱的时候，告诉他们不要一次花完。这样，当孩子花钱的时候就会慎重考虑了。

相关研究认为，给孩子零花钱要有一定的标准，尤其应该符合孩子的真实需要，不能孩子要多少就给多少。因为对于孩子来说钱来得太容易并不是件好事，这不但会让孩子养成浪费的坏习惯，而且还会使他们缺乏自立能力和吃苦耐劳的精神，对他们未来的发展不好。

为了培养孩子养成节俭的习惯，父母可以从以下方面努力：

1. 教孩子学会如何花钱

孩子的消费行为是可以培养的，因此从小学低年级开始就应该教孩子学会买东西，怎么使用金钱，怎么选择有价值的东西。教孩子要把钱保管好，以防被偷。让孩子养成先认真思考再花钱的好习惯，不要盲目消费。让孩子当家里的理财小主人，可以让孩子更好地学会理财、养成节俭的好习惯。

2. 教孩子学会积累

孩子应该有计划地使用手里的零花钱、压岁钱，并适当积累。让孩子在这个过程中慢慢养成节俭的好品质。

3. 教孩子懂得量入为出

要让孩子知道，能挣钱才能花钱，花多少钱要根据自己能挣多少钱来计算。

4. 教育孩子要珍惜物品，不浪费

让孩子知道什么东西都是来之不易的，不能养成浪费的习惯。还要让孩子经常参加劳动，让他体验劳动的辛苦。

使孩子养成诚信的好习惯

有这样一句名言："没有谁必须要成为富人或伟人，也没有谁必须要成为一个聪明人，不过，每个人都必须要学得诚实。"诚信是做人的根本，只有拥有这种品质，才能获得别人的尊重，才能获得别人的相信。诚信是做人的根本，是一个人拥有的最宝贵的财产，它能让你挺直腰杆做人，还能让孩子更成功地做人。

每个家长都希望自己的孩子诚实守信，不想让他们说谎话。父母的教育起着很大的作用。当孩子出现不诚信的现象时，父母应该从孩子的认识发展上找原因，不要只是对孩子非打即骂。父母应该从小就对孩子进行诚信教育。那么，孩子的诚信品质该怎么培养呢?

1. 对孩子进行诚信品质方面的教育

诚信是一个人做人的根本,父母应该加强对孩子进行诚信品质方面的教育,要教育孩子从小就守信用、负责任。让孩子知道,一个人如果言而无信是难以在社会上立足的。父母需要借助实例进行诚信品质教育,给孩子讲诚信故事,让孩子懂得诚信是做人所必需的。

美国华盛顿州的一个市,10岁的杰瑞正在与小朋友在家门口的空地上玩棒球,一不小心把别人家的车窗玻璃给打碎了。看到闯祸了,小朋友们都四散而逃了。杰瑞却呆呆地站立了一会儿,决定去向邻居认错。邻居听了杰瑞认错立刻就原谅他了,但还是把这件事告诉了杰瑞的父母。当晚,杰瑞向父亲表示,他会自己挣钱来赔给邻居。

后来第二天,父亲就陪他去找邻居表示自己愿意赔偿。听了杰瑞的话,邻居笑着说:"你这么诚实,而且又勇敢承担自己的责任,我怎么好意思要一个小孩子赔偿呢?而且还乐意将这辆汽车送给你作为奖赏,反正我也打算不要这辆车了。"因为杰瑞还不够年龄,所以还不能开车,所以父母暂时保管。后来,他经常倚在邻居送的那辆车旁边说:"我真想快快长大,这样就能开这辆车了。"他接着还说:"经过这件事,我更加懂得诚信是可贵的。我以后都会做一个诚实的人。"

我们知道,如果孩子付出了诚信,那么自然会收获信赖。相反,假如孩子虚伪做人,他收获的也是虚伪。 当然,家长要从小就开始培养孩子的诚信品质,而且还要坚持不懈。 教导孩子在出现缺点和错误时要勇敢承认,接受批评,不要隐藏。 对于社会上那种坑蒙拐骗的行为,父母要进行一些批评和批判,让孩子知道,做坏事肯定是要遭受惩罚的。 只有这样,孩子才能成为一个诚实守信的人。

2. 满足孩子合理的需要

父母要仔细了解孩子内心的需要。 当孩子向父母讲述了他的需要以后,父母应该跟孩子一块儿分析他这些需求的性质。如果是合理的需要,父母就要及时满足;对于那些不合理的需要,就要明确告诉孩子。 如果连父母也无法分辨是否合理,可以请教别人然后教育给孩子。

当孩子不诚信时,父母一定要告诉孩子这种做法是错误的,要严肃地向孩子讲明道理。 同时,父母还可以告诉孩子在人际交往中讲信用的作用,让孩子明白做一个诚信的人是很重要的。一定不要因为孩子年龄还小就无限放纵,这样对孩子未来的发展都不利。

3. 相信孩子

我们常常会看到这样的父母:他们要求孩子吃完饭后在房间里学习半小时,结果却每隔五分钟就进去看一下孩子是否在偷懒;他们让孩子去买东西,不过却又总是担心孩子乱花钱。 父母们这么做,往往会导致孩子用撒谎来反抗,而父母们却总是无端猜疑,这样孩子只会做更多错事。

4. 父母要敢于承认错误

日常生活中,父母难免会出现一些不诚信的行为。如果出现这种情况,父母一定不要再高高在上,要虚心跟孩子认错,让孩子还要诚信做人。

妈妈曾告诉南南说如果说谎话的话他的鼻子就会变长,南南也对此深信不疑。有一天,在学校里南南又听到了这个故事,于是回家告诉妈妈:"妈妈,我肯定不会说谎话的,因为撒谎的人鼻子会变长的。所以爸爸妈妈也不要说谎话。"这时,妈妈觉得有必要给南南讲讲关于故事真实性的问题。于是妈妈对南南说:"孩子,这其实只是一个故事。实际,这根本不会实现的。"

南南顿时迷惑了:"那我们是不是就可以说谎了呢?"

"当然不是了,"妈妈回答,"一个人不能撒谎,他说了谎话后就会失去朋友,这是件更令人害怕的事。"

年幼的南南这才真正懂了,原来童话故事都是假的,它是在教给孩子做诚实的人。

让孩子的孝顺成为习惯

大家都知道乌鸦的外表和声音都是十分难看的,但是它们却对自己的父母非常孝顺。当乌鸦老了不能再去寻找吃的的时候，它的儿女们就帮它去寻找食物，叼着回来一口一口喂老乌鸦吃，一直到老乌鸦都没有呼吸了，再也咽不下东西，这就是人们经常所说的"乌鸦反哺"。

其实，孝顺与不孝顺都在一念之间，就连乌鸦都知道可以反哺，作为一个比乌鸦高等的动物——人类，就更加应该认识到这一点。而有些时候因为孩子的年龄太小，观念还是没有很好地明确，他们的孝心取决于他们幼年的教育是什么样的了。近些年，大部分家庭都有了一个综合病症，说的就是一对父母和四个老人共同宠爱一个孩子，这种溺爱已逐渐成为家庭的首要问题。主要表现在以下方面：

（1）对孩子过分溺爱，把孩子作为全家人生活的重心甚至是工作的动力，时常一大家子人都围着他转悠。

（2）随随便便同意孩子的需求。

（3）不管不顾孩子，对他们的行为极其放任，导致许多小朋友没有正常的饮食规律。

（4）不敢严格管教孩子，害怕孩子做出傻事。

（5）拒绝让孩子参与家务劳动，拒绝孩子的一些独立的要求，一切活动都好说。

（6）家庭成员的意见有分歧，当着孩子的面把孩子袒护起来，导致孩子最后胡作非为。

（7）总是给孩子提供特殊待遇，让孩子的性格变得非常不好，以自我为中心。

（8）孩子在家里的地位是高高在上的，受到的待遇比家里的其他人要好。

这样盲目的爱到底能换来什么呢？请大家看看下面一则故事吧。

有一天，一家人聚在一起要给奶奶过生日，小轩非要抢先把蛋糕吃了。爸爸反对他这么做，小轩便开始犯脾气："你们必须让我先吃，不然你们都别吃！"伸手一掀把蛋糕都打翻了。奶奶伤心地哭了，自己用这么长时间的爱却换来了一句这么令人寒心的话，实在是让人不得不反省一下。

是什么让孩子变得这么自私呢？很大程度上是因为父母对孩子的管教不严，才会让孩子变成这么恶劣不堪的样子。

现实生活中父母家人总是把好吃的留给自己的孩子，而孩子在遇到好吃的东西的时候却很少想着父母；孩子得病了，父母总是急得焦头烂额，悉心照料。但是长辈一生病，孩子却不怎么关心。

这一切令我们反思。事实很明显，重视并且孝敬父母是孝顺的起点，也是一个最基本的道德，如果孩子连自己的父母都不孝顺，更谈不上去尊敬其他人了。那么，家长应该怎么做才能让孩子学会尊敬老人呢？

1. 自己做孩子生活中的真实榜样

在教育孩子的过程当中，要让孩子感受到父母为他们付出了很多，他们才能吃好的穿好的，父母应该得到孩子的尊敬。有一篇文章叫《孙子和爷爷的故事》。文章里写的是自己的爷爷年迈了，行动非常不方便，吃东西的时候总是流口水和一些鼻涕,儿子和儿媳妇嫌弃他很脏,就让他自己在灶台上吃东西,不让他上饭桌。

有一次,爷爷吃饭的时候把自己的瓷碗给打破了。儿媳妇见状破口大骂:"你这臭老头,以后只给你用木盆盛饭。"

几天过后,夫妇发现自己的儿子正在摆弄什么,丈夫就好奇地问道:"儿子,你在干吗?"

儿子回答:"我在做木盆呀,等到你们老了也用这个东西吃饭,这样就不会打碎碗了。"

这个时候,他们就意识到了自己的错误,感到非常羞愧,让父亲回了饭桌,而且把最好吃的东西都拿来孝敬给他。

这个故事告诉我们,其实孩子也是通过父母才知道一些事情的,父母怎么做孩子就会跟着怎么做。

2. 凡事都从小事做起

多让孩子去感受生活中大大小小的事,比如帮妈妈洗衣做饭,或者在爸爸妈妈生病的时候给他们端水送药等等,慢慢地培养他们的责任感。 经常让自己的孩子尝试一些他们能够做到的事情,因为在他们亲身体验以后,才会觉得作为父母的辛苦,从而开始关心体谅自己的父母,尽己所能去关心父母,给父母分忧。 家长要教会孩子:在自己的家庭当中,他不仅有爱他的一些权利,同时要所要承担的责任。

大多数的独生子女在家中，都会享受到最特殊的爱护，但如果这种爱只是父母对孩子单方面付出，那么就是一种畸形的溺爱。只有让父母给孩子那份变成孩子对整个社会的爱，这才是父母应该给予的理性的爱护。

3. 父母应在孩子面前树立自己的威信

孩子都喜欢听有威信的父母的话。爸爸妈妈的威信，不是从严厉打骂中来的，单纯的疼爱也是不行的，用钱更是不会得到的；只有在自己的行为的作用下，在对孩子的帮助中，自己的威信才会被竖立起来。父母的威信可以来自事业。当自己的孩子用好奇的眼光打量周围的整个世界以后，家长们就应该把自己的工作说明给孩子。例如，爸爸是一个建筑师，那么他自豪地指着大楼跟孩子说："这个是我亲手建造的，一定会有很多人爱上这个房子的。"孩子就觉得父母很不容易，孩子会觉得父母有威信，这样一来，孩子就会在内心深处尊重父母了。

良好的卫生习惯很关键

我们经常听到有人说："不干不净，吃了没病。"其实这样的说法是不科学的。在我们身边，的确有一些人，他们不讲卫生的坏习惯并没有影响身体健康，但他们有好身体与是否讲卫生无关，是其他因素的"功劳"。比如说，灿烂的阳光、新鲜的空气、适当的活动、充足的营养等。如果他们再养成良好的卫生习惯，一定会让身体变得更加好。

孩子一般都没有那么强的抵抗力，容易受各种病毒的侵袭，讲卫生就更必要了。孩提时代是养成好习惯的重要阶段，这个时候抓紧培养孩子讲卫生的好习惯，肯定会有意想不到的效果。那么，应该如何培养呢？

1. 先从健康的饮食习惯开始

不要让孩子吃不干净的东西，更不能随便吃地上捡的东西，水果吃之前一定要洗净，削皮是最好的。很多小孩认为在水龙头下冲一冲就算洗干净了，实际上病菌还残留在上面，应该用刷子蘸上洗涤液刷洗瓜果，再多次冲洗，这样才能吃。

2. 培养孩子保持良好的生活习惯

教孩子做好日常的身体卫生：经常剪发、洗头发、洗澡、修指甲，这不仅能保持身体的卫生，还可以加速血液循环，提高健康指数。用正确姿势看书、绘画，眼睛与书本的距离要保持在一尺，胸与桌子的距离保持在一拳，写字时手指与笔尖保持一寸距离，不在光线过强或过弱的地方用眼，尽量不要用手去弄眼睛。

要保护好自己的鼻子，不挖鼻孔，保持鼻道健康，因为鼻子能够过滤空气，使空气到达肺部时变得洁净、温暖和湿润，不让呼吸道和肺受到污染的损害。督促孩子保持衣物的干净整洁，检查自己的扣子是否都扣上了，鞋带有没有系好。还要督促孩子勤洗头，不要经常乱糟糟的。

3. 一定要养成良好的盥洗习惯

吃饭前和如厕后一定要洗手，这样不会得肠道疾病。睡前洗干净有助于提高睡眠质量。这样做的好处远不止这些，保持这个好习惯会让孩子的一生都受益。

（1）督促孩子吃饭前和如厕后洗手

父母应该为孩子准备好洗手要用的东西，放在孩子能够得着的地方，为了符合卫生要求，注意让孩子用流动水洗手。家长还应经常提醒，手掌手背和指缝都要反复洗，让孩子学会正确的洗手方式。往往父母只需做一次示范，孩子就可以学会，也就能自己独立做了。

（2）早晚刷牙、洗脸，饭后漱口

刷牙是为了清除残留在口中的残渣，起到防护牙齿和洁净口腔的作用。要是经常不刷牙或用错误方式刷牙，会引起口腔里残留的食物变质，很快繁衍出细菌损害牙齿健康，口臭和牙疼也可能会应运而生。要想维护口腔卫生、保护牙齿，养成每天睡前刷牙的习惯是十分必要的。

很多家长都觉得反正孩子还要换一次牙，乳牙健不健康无所谓，这种想法是错误的。如果乳牙因为不注意保护而变成虫牙，食物的消化和吸收都会受到不利影响，对孩子的健康成长有害，新牙也不好长出来。

要将正确的刷牙方式教给孩子，即竖刷法。由上而下地刷上排牙齿，从下而上地刷下排牙齿，牙齿内外都不要漏掉，之后用清水冲掉牙膏沫。一定注意不要用横刷法，因为这样不但刷不干净，还容易使牙齿和牙床受到磨损，损害牙齿表层保护膜，不利于牙齿的健康生长。

孩子做事一般都不容易坚持，不能指望一两次的早晚刷牙就能形成习惯，因此家长要经常监督，才能不断强化孩子早晚刷牙的意识，然后孩子才会主动地去做。

（3）睡前洗脚

在睡觉前泡泡脚能起到快速缓解劳累、促进血液循环的作用，脚部肌肉松弛会让人有舒服感，有助于睡眠。先将裤腿卷上，让水浸泡一会儿脚，在手上蘸适量香皂搓洗脚面、脚跟和小腿，再用清水冲洗掉肥皂沫，最后用干毛巾擦干。

4. 让孩子养成爱护环境卫生的好习惯

不要让孩子做有损环境卫生的事情。据检测，路面上20%的痰中含有细菌，大约有5000个结核菌存在于结核病人的一口痰里，这种不健康的痰风干后，会随风飘到很多地方，混入空气中，对人们的健康造成隐患。所以，无论是孩子还是大人都不要随地吐痰。还有生病的人往往有大量病菌寄生在咽喉和鼻腔里，病菌很容易在打喷嚏时喷出来，因此当孩子想咳嗽或者打喷嚏时，要拿纸巾或者手绢捂着。不在墙上乱涂乱画，不踩踏桌椅，无论是在家里，还是公园、电影院、公共汽车站等公共场所都要做到。

这些好习惯是日常生活中随时要进行的工作，要不厌其烦地督促提醒孩子。要具体指导和帮助孩子，如示范、讲解、提示、练习等方式。碰到孩子不会熟练做一些事时，我们就要一边讲解，一边示范，告诉他们正确的做法。要是孩子已经能独立完成这些事情，但是习惯还没有完全养成，家长要做的就是督促他们，从而协助孩子学会这些事情，并养成好习惯。

让孩子成为真正的动手操作者

教导孩子动手"操作"是一件很复杂的事。如果没有适当的教导，孩子的操作便会乱七八糟，而这类杂乱无章的动手操作正是孩子的特征；如果父母能对其加以指导，使其动作具有明确的目的性，这样孩子便会静下心来，成为一个真正的动手操作者。

"孩子的智慧在手指上"，换句话说就是，要开发孩子的智力，最简单高效的方法就是让孩子多运动自己的双手。特别是幼儿时期，孩子的大脑发育很快，双手动作灵活，这时多动手更能促进头部机能的发展，使大脑变得更聪颖。世界上有许多奇思妙想，都是通过手变成现实的：劳动的手创造了世界，也造就了人类。

所以说，培养孩子从小动手操作的好习惯是非常重要的。

实践也证明，许多成功人士所取得的成果，也都是通过无数次动手操作才取得成功的。

诺贝尔，世界杰出的科学家、发明家和企业家，17岁时赴外国学习和参观，学习机械、化学等知识，回到瑞典后从事硝化甘油的研究工作。之后一直从事炸药的研究、制造、生产、销售工作，同时也涉及其他的科学领域。

在诺贝尔的一生中,他的父亲对他的影响最大。他的父亲是一个"发明狂"。在父亲的影响下,诺贝尔对炸药产生了浓厚的兴趣。

有一次父亲带诺贝尔去参观自己的火药工厂。诺贝尔接触到了许多使他感到新奇的事物。此后,诺贝尔就更加勤奋地阅读各种书籍,尤其是有关科学研究的基本原则,有关机械、物理、化学方面的书,好让自己快一点明白父亲所说的那些陌生的东西。他在父亲的书架上,找出化学读本,翻看制造火药的方法。当他发现火药就是用硝石、木炭和硫黄混合制成的时候,兴奋不已,并准备亲自尝试火药的威力。

备齐了原料,他便在药品库中找到装硝酸钾的瓶子,并把里面的白色粉末倒在小袋子中,拿回家后立刻关起房门开始做实验。经过一次次改进,他终于找出了一种最佳的混合比例,使火药的威力显著增强。在实验中他不断总结经验,还发现一个有关炸药的基本原理:把火药包扎得越紧,爆炸的强度就越大。

就这样,诺贝尔从游戏中、从不断的实践中完成了一个突破,为他以后从事炸药事业跨出了重要的第一步。 这一步来自于他对自然的好奇,来自于他对书本的钻研,来自于他对危险的无畏,最重要的是来自于他反复的实践操作。 可以说,是"手"为创造力提供了一套"有思想的工具"。

培养孩子善于操作的好习惯,是为了使孩子的身心头脑更协调,这也是家庭教育工作的关键和指南。 著名教育家蒙台梭利指出：自由就是动作，动作是生活的基础，动作练习具有发展智力的作用；教导孩子动手"操作"是一件很复杂的事，如果没有适当的教导，他们的操作便会乱七八糟，而这类杂乱无章的动手操作正是孩子的特征；如果父母教他们动手操作，使其动作有明确的目的性，孩子便会静下心来成为一个真正的动手操作者。

手是伟大的，父母培养孩子从小动手操作的好习惯，相当于给孩子埋下了一颗"长青果"。至于如何培养孩子从小动手操作的好习惯，我们建议父母从以下几点入手：

1. 让兴趣引导孩子勤动手

孩子对身边的一切新鲜事物都有着很强的好奇心，这是由人的本性所决定的。孩子会认为帮助父母是一件很光荣的事，父母应趁此机会让孩子勤动手，并引导其成为一种习惯。

孩子常常会摆出"小大人"的样子，说"我自己来，我会"，"妈妈放手，我能"等言语。在这种情况下，父母应该放手，让孩子自己来。

在生活中，父母可以用一些废弃物品与孩子共同动手制作工艺品，比如用蛋壳制作人头像或用泡沫雕刻一些形状简单的东西。这样一方面能让孩子从小认识到双手的魅力，并让其懂得生活中有很多废弃物是可以利用开发、变废为宝的；更重要的是，"成就感"可以增强孩子动手的兴趣。

平时要多买一些手工制作图片或书籍，让孩子从中展开制作的想象力，并逐步培养自己动手制作的兴趣。多让孩子做一些动手的游戏，像折纸、剪纸、粘贴、组装玩具等，多为孩子提供动手的机会。

2. 鼓励动手,增强孩子的信心

称赞是鼓励孩子、增强孩子信心再合适不过的一种激励方式。

当孩子做出一些"小成绩"的时候,你不要忘记告诉孩子,他们是多么的优秀;当孩子帮你做了某一件"小事情"的时候,切不可忘记告诉孩子,你是多么感激他们对你的帮助。这种真诚的感谢会令孩子更积极、更认真、更负责地做一个自信、热爱劳动的好孩子。

不要让孩子失去动手的机会。有时父母会因为孩子动作太慢、太笨,而代替孩子去做。这样容易使孩子养成依赖心理,产生很大的惰性。不要强迫孩子做其不愿意做的事,或者其力所不能及的事,希望孩子做的,一定是孩子能够完成的,否则会挫伤孩子的信心与勇气。因为父母一个否定的眼神或一声消极的语气,都对孩子有极大的"摧毁力";相反家长一个赞赏的表情或一句激励的话语,又有着使孩子充满自信并取得成功的力量。

3. 手脑结合开发孩子的智力

孩子的动手能力是对大脑发育最好的刺激。三岁前父母应该教孩子握笔、写字、做手工、拿筷子等,动手的同时就将新的刺激源源不断地输入大脑。脑的使用度愈频繁,其成熟度就会愈高。

脑越用越灵,手越用越巧。因此,父母应该安排孩子做一些必要的家务活。例如,起床后自己叠被、扫地、擦桌子、饭后洗碗、刷锅、购买小件物品等。这些应当要求孩子主动来做，这对孩子能力和责任心的培养作用都不可小视。

父母可以帮助孩子做一些简单的小实验，让孩子在动手的过程中开发智力，体验成功的快乐。使孩子的思想及时地由被动操作向主动实践转换，从而养成手脑并用的好习惯。

培养孩子持之以恒的习惯

培养孩子具有恒心的方法有很多，如参加体育锻炼、读书自律等。父母要根据自己孩子的意志特点，有针对性地培养训练，刚柔相济。但根本之点在于启发孩子的自我需求，让其主动养成持之以恒的好习惯。

持之以恒是一个主观能动的心理过程。具体来说就是，人在自觉地确定目标之后，能够根据目标来支配、调节自己的行动，坚持不懈，克服种种困难，最终实现目标。

其实，一个人要想生存就得不断积累经验，让自己无休止地自我创新。而无论是经验还是无休止的创新，都需要持之以恒的毅力。毅力不是瞬息而就，说有就能有的东西，它的形成需要一个过程。它的形成应该在家里，而不仅仅是学校。持之以恒的毅力对于孩子的意义是不言而喻的，但它恰恰又是孩子容易缺乏的。

"千里之行，始于足下；九层高台，起于垒土"凡事业上有所作为的攀登者，无不是从小事做起，锤炼自己的意志。

一个孩子，如果连自己的学习用品都丢三落四的，怎么能保证演算习题时不粗枝大叶呢？所以父母培养孩子的意志要持之以恒地从小事抓起，决不姑息迁就，要一抓到底。

曾有学生问大哲学家苏格拉底，怎样才能修学到他那样博大精深的学问？苏格拉底听了并未直接作答，只是说："今天我们只学一件最简单、也是最容易的事，每个人把胳膊尽量往后甩，再尽量往前甩，"苏格拉底示范了一遍，说，"从今天起，每天做300下，大家能做到吗？"

学生们都笑了，这么简单的事有什么做不到的？

过了一个月，苏格拉底问学生们："哪些同学坚持了？"有九成同学骄傲地举起了手。

一年过后，苏格拉底再一次问大家："请告诉我，最简单的甩手动作，还有哪几个同学坚持了？"这时，只有一人举起了手，这个学生就是后来成为古希腊另一位大哲学家的柏拉图。

人人都渴望成功，人人都想得到成功的秘诀。然而，人们常常忽略这样一个道理：即使最简单、最容易的事，如果不能坚持下去，也绝对不可能打开成功之门。成功并没有秘诀，但坚持是它的过程。

培养孩子的恒心应从小事做起，不断进行训练。一个人的意志是否坚强，可以从他的意志行为中得到体现。在成长的过程中，独生子女缺乏恒心与毅力的现象比较普遍，这在很大程度上会影响孩子的学业、交往、品德及心理健康。很多时候，成功与失败往往就取决于一个人能否坚持到最后一刻。

培养孩子持之以恒的习惯的方法有很多，在此择要介绍几种：

1. 用兴趣引导孩子持之以恒的决心

兴趣是孩子高效率把事情做好的前提。在现实生活中，并不是对必须去做的每件事，孩子都一定感兴趣，但是孩子对自己感兴趣的事，都有着明显的自觉性、持久性等高效率特点，而对于自己不感兴趣的事则往往需要父母的约束与督促。为了使孩子提高做事效率，父母应该引导孩子对事物产生兴趣。

很多上学的孩子比较喜欢的口头禅是"郁闷"或者"烦"。事实上，学习本身的确没有多少乐趣可言。然而父母并不这么认为，他们一厢情愿地认为学习是最有意义的事情，并且一味地强迫孩子对学习产生"兴趣"。孩子的学习兴趣是需要父母去加以引导的，而不能靠强迫的方法来获得。

> 孙欣沉溺在电脑游戏中不能自拔，虽然三番五次地向妈妈写保证书，但一点也不起作用。为了帮助孩子改掉坏习惯，妈妈采取了这样的措施：限制每天上网的时间和内容，并引导孙欣将上网与学习联系起来。结果孙欣通过上网来辅助学习，出现了一学就是半天，甚至忘记吃饭的现象，并由此对学习产生了兴趣。为达到一定的学习目标，孙欣还为自己制定了一个苛刻的学习计划表，并持之以恒，最终实现了这个目标。

2. 让强烈的欲望与责任感激发孩子的行动

无论做什么事,仅有明确的目标是不够的,还必须有实现目标的强烈欲望与社会责任感。例如登泰山是很多人的强烈欲望,从山麓的红门到山巅的玉皇顶有七千多级台阶,而且越上越陡,到十八盘,每盘两百级,几乎是直上直下,每登一级都要付出极大的努力。对于一般的游客来说,如果体力不支,中途而返也无可非议,因为没有社会责任和义务。但对于挑夫来说就不一样了,从中天门出发肩挑 120 斤砂石、水泥等重物,一天上下两个来回,支撑他们从事这种艰苦工作的力量是恒心,是所承担的社会和家庭责任。

许多孩子不能攀登成功的顶峰,并非没有目标,而是缺乏由强烈欲望和责任感所激发的意志行动。

3. 适度创设困难磨炼孩子的意志

逆境、困境能铸造一个人顽强不息的意志品质,中外历史上不乏这样的事例。现在大多数孩子养尊处优,稍遇逆境决心就动摇。在他们小时候,如果父母能人为地给他们适度创设困难,让他们接受强大心理承受能力的锻炼,那么有朝一日他们面对逆境和困难的考验时,就能经受住锤打。

> 1999 年,18 岁的成都女孩刘亦婷被美国哈佛大学、哥伦比亚大学等四所世界一流高等学府录取,还获得全额奖学金,成功的背后总蕴藏着艰辛。刘亦婷 10 岁上四年级时,父亲给她设计了一个奇特的"忍耐力训练":捏冰一刻钟。刘亦婷捏的是冰箱里特意冻得结结实实的一大块冰,

父亲手拿秒表,一声"开始!"刘亦婷就把冰放到手里。

第一分钟感觉还可以;第二分钟,就觉得刺骨的疼痛,她急忙拿起一个药瓶看上面的说明,转移注意力;到第三分钟,骨头疼得钻心,她就用大声读书的方法来克服;到了第四分钟,让她感到骨头都要被冰冻僵了,这时她使劲咬住嘴唇,让疼痛转移到嘴上,心里想着:忍住、忍住;第五分钟,她的手变青了,也不那么疼了;第六分钟,手只有一点痛了;第七分钟,手不痛了,只觉得冰冰的,有些麻木;第八分钟,她的手完全麻木了……当爸爸说:"15分钟到了!"她高兴得欢呼起来。而她的手却变成了紫红色,摸什么都觉得很烫。爸爸急忙拧开自来水龙头给她冲手。此时此刻,作为父亲,为女儿有这么顽强的意志力而由衷地高兴。

手捏冰块自我折磨,这是对感受极限的挑战,是对毅力的考验。 一些好奇的大学生都试过,可没有一个人能坚持一刻钟。由此可见,刘亦婷的成功绝非偶然。

艰苦的环境,特别是艰苦的生活环境和劳动,往往是对一个人意志最好的考验和锻炼,也最能培养人。

孟子说:"天将降大任于斯人也,必先苦其心志,劳其筋骨,饿其体肤,空乏其身……"说的就是,恒心是在艰苦环境中自我锻炼出来的。 所以父母给孩子创设一些困境,让孩子的心理得到锻炼,这对于培养孩子的恒心和毅力都是很有必要。

4. 鼓励孩子挑战自己的弱点

急躁、懒惰、缺乏毅力、什么事都干却都难干到底……这些都是人性的弱点，也是实现人生目标、理想的巨大障碍。一个人若能有勇气挑战自己的弱点，便能逾越障碍，获得成功。

　　春秋时期，吴王夫差打败了越王勾践，并霸占了勾践的妻妾。越王勾践忍辱负重，十年不食珍馐，不着锦缎，每天睡石床、舔尝苦胆，在艰苦的环境里挑战自己的弱点，以图他日能复国雪耻。后来，在勾践的不懈坚持下，吴王夫差终于被打败。

诸如此类的例子很多。家长可针对孩子意志的薄弱点，选取一两个突破口，鼓励孩子挑战自我。可以说，这是为孩子铸造恒心的良方。培养孩子的恒心的方法还有很多，如：参加体育锻炼、读书自律、在集体中接受监督、严守诺言，等等。

第十二章

好好说话，把孩子培养成兴趣广泛的人

挑选一种适合孩子的乐器

音乐对孩子起着十分重要的作用,家长也都期望孩子能够学习一些与音乐有关的技能作为特长,特别是乐器方面。但是,面对种类繁多的乐器,该为孩子选择什么类型的乐器,什么乐器才更有利于孩子的发展,是很多父母所面临的难题。

现在,学习乐器的孩子很多,其中有的孩子只有七八岁,甚至有的孩子只有三四岁,因此他们肯定是不知道最适合他们的乐器是什么的,父母的引导必不可少。但是,有的家长在这方面也十分缺乏经验,很多家长都不知从哪开始下手。以下是各位父母所要注意的问题。

1. 乐器的品种及类型

乐器可以分为民乐和西洋乐。西洋乐范畴内的弦乐有大提琴、中提琴、小提琴。西洋乐中的管乐器,包括短笛、长笛等铜管器,还有长号、圆号、小号等。弹拨类包括吉他和竖琴,打击乐有架子鼓,还有大家最熟悉的键盘类钢琴、手风琴等。民乐也分为四大类,打击乐、弹拨乐、管乐和弦乐。弹拨类的乐器包括古筝、扬琴、琵琶等,打击类型乐器有叉、鼓、钹、铙等,管乐中包括笛子等乐器。

2. 选择乐器的方法

首要条件就是孩子一定要感兴趣。如果家长不是很懂乐器，也不知道孩子喜欢什么类型的乐器，最简便的方法是带孩子去艺术展厅看一下，让孩子自己了解一下各类乐器，亲身摸一摸、听一听，这是了解孩子喜欢什么类型乐器的最好方法。另外，还可以通过看报纸杂志、电视来加强孩子对音乐的认知，这样为孩子挑选乐器就方便多了。

另外，不一样的乐器对孩子的要求也不一样，例如，学钢琴需要手指灵活，管乐需要嘴的变化灵活。

3. 学习乐器的最佳年龄

孩子学习乐器，有利于开发智力，既然这样，到底什么时间学习音乐是最好的呢？从理论上来讲，学习乐器是早些好。有些知识孩子学得好、学得快，但大人却远不及小孩子。但也不能说明学乐器越早越好。太早学习乐器的孩子也会面临很多问题，一个原因是孩子年龄小，交流的能力比较差，可能理解不了老师的意思；另外一个问题就是孩子还不够成熟，家长很难掌握孩子真正的兴趣是什么。

总之，学习乐器的最佳年龄是上小学以后，但是家长应该具体问题具体分析，不能一概而论。

4. 学习乐器需要注意的问题

第一，一定要以孩子的兴趣为准，父母一定不能违背这个规律，不要把自己的兴趣强加给孩子。当孩子不想学习某种乐器的时候，家长不能逼迫孩子学习，假如一味地强求，只能达到反效果，不仅对孩子的学习没有什么益处，更会导致孩子对乐器感到厌倦。

第二，家长也应适时地对孩子的学习和练习进行督促。很多家长会碰到学习乐器不能坚持到底的孩子。在买完乐器不久，孩子会有些新鲜感，但当孩子练习几次后就对乐器没什么兴趣了。面对这种情形，家长应该怎么做呢？解决这种问题最好的方法是给孩子规定练习的时间，制定练习的任务，让孩子在规定的时间内完成任务。

第三，父母要科学合理安排孩子的练习时间。针对那些初次学习乐器的孩子来说，一次练习可以达到二十分钟左右。另外，孩子练琴的时候，家长最好坐在旁边监督，而且要耐心指导，这样才能达到最好效果。

5. 键盘乐器总是被优先选择的原因

大多数人认为，依据孩子的生理特征和认知特点，孩子首先应该选择键盘乐器，例如电子琴、钢琴等。理由主要有以下几点：

键盘乐器音准而且稳定，可以帮助孩子慢慢地纠正音准，而弦乐器音准则很难掌控，它需要演奏正确的弦调、手也要按在正确的位置上，有时这对于一个孩子来说是件很困难的事情。

不过，无论为孩子选择怎样的乐器类型，刚开始的时候都需要注意视唱练耳，因为音乐学习不仅是为了表演，也要学会欣赏。

上述是给家长的一些参考，当然，假如你并没有决定培养音乐人才的话，那么更应该适时地让孩子懂得，学习乐器并不是想让他将来做一个音乐家，而是希望他生活在充满音乐的世界中。

培养孩子的绘画欣赏能力

孩子欣赏绘画的能力的高低对孩子绘画水平有着很大的影响。 有的孩子四岁的时候就能看懂一幅画的主要形象和简单情节，甚至能明白画中各元素的联系与背景的用意，并且能用自己的语言表达出来。

给孩子欣赏的画应该是适合孩子年龄段的，例如可以是以小动物为主人公或是以童话故事为主配合现实生活的一些图画。细致和逼真的画是孩子的最爱。 此外，在选择给孩子欣赏的图画时，应该选择一些色彩明亮的、柔和的、要以暖色调颜色为主的图画。 也不应该只关注一种画的形式，油画、水墨画、简笔画等都应该让孩子接触，并学会欣赏、品味它们。

当孩子开始注意到那些鲜亮的颜色的时候，他们已经学会花费时间关注某件物象，开始讲究自己的衣着时，就表明他们已经有了一定的欣赏能力。 对于孩子的家长而言，怎样才能让孩子画出自己喜欢的画作呢？

1. 尽量使用彩色笔绘画

最好绘画的时候用鲜明的色彩，图画要尽量大一些。 但是色彩也不适宜过多，最多三种，否则视觉会不容易集中到一幅画作的本身含义中来。

2. 画的构图要简单，背景要趋于简单明了

可以画一些孩子日常接触比较多的物体。例如日常见到的书本、可爱的小台灯、红红的苹果、小花衣服等。每幅画最好只画两件或者更少的物体，这样才利于孩子对整幅画的充分观察。

3. 可以让孩子一边看着作画一边欣赏

父母画一部分，然后让孩子补充另一部分。例如父母可以先画一个物体，然后和孩子一起商量接下来要画什么。这样，有参与性、创作性的欣赏，不但能激发孩子的兴趣，而且还能锻炼孩子的思维能力。

4. 让孩子理解自己的画

由于孩子的年龄比较小，再加上对世界的认知还不够，所以父母要对画作进行一定程度上的解说，父母最好能给一些手势上的描述，这样孩子就能更好地理解绘画的内容。还应该让孩子参与画的创作过程。例如我们要画一只小狗的时候，可以这么和孩子交流：你知道小花狗的叫声吗？让孩子一边学习绘画一边学小狗的叫声，从而调动他的情绪，让他对画作充满兴趣。

培养孩子的书法兴趣

书法作为中国的传统艺术，需要一代一代传承下去，所以培

养孩子对于书法的兴趣也是非常有必要的。 C 在学习书法的同时，孩子也会接触到文学类的知识，描摹各种名家名篇，可以培养孩子的爱国情怀，并学习中国的传统文化。 书法的美是极其丰富的，有各种不同形式的美。 孩子在学习书法的过程中，会更加深刻地领悟到美的含义，从而提升孩子的艺术素养。

书法中也包含了很多人生哲理。 例如运笔时的各种讲究，处处体现哲学中的对立统一。 孩子在练习书法的时候，得到发展的还有他们的辩证思维。 书法的主要工具——毛笔，要求人必须心平气和，必须要有细心和耐心，这有利于对人脑的训练。所以学习和练习书法，是身心结合的训练过程。

1. 激发孩子的兴趣

书法跟其他的艺术一样，长时间进行学习，会对孩子的艺术修养有提升作用。 但是孩子尚未成年，理解上有所欠缺，相比其他艺术形式，书法是比较单调的，所以孩子常常缺乏练习书法的耐心，容易产生厌烦的心理。 这时候，采取一些激励手段保持孩子的兴趣是很必要的，如优秀字帖，让孩子学会欣赏并进行临摹，对孩子的进步进行赞扬，从而提高了他的信心和学下去的动力。

2. 由易到难，循序渐进

让孩子始终保持着一种学习的新鲜感，始终如一地学习，最后把书法从一门兴趣爱好，变成自己的一个特长。 在孩子学习书法的过程中，应该遵循从易到难，循序渐进，由基本书法开始，选择简单的字进行练习，然后关注字形笔画的变化规律。

选择字也应遵循一定的规律，尽量选择一些孩子认识的简单的字，暂时回避一些生僻字。

3. 培养良好的习惯

培养孩子良好的习惯主要注意两个方面。一方面是让孩子养成自理自助的能力及习惯。在每次开始练习书法的时候都要把用到的东西拿出来，做好练习书法的准备工作，结束书法练习之后再将东西整理回原处。另一方面是要让孩子有一个好的坐姿，良好的坐姿是把字写好的前提。两腿放平，身子、笔盒、纸都要摆正，对孩子错误的写作姿势要进行严格的纠正，要让孩子每一次练习都真正地有效果。

4. 创造良好的环境

写字需要一个安静的、有意境的环境。保证练字环境的安静舒适，对孩子能否具备持之以恒的态度非常重要。

5. 制订适度的学习计划

制订一个适合孩子学习进程的学习计划。父母在布置任务的时候，要明白孩子学习书法的目的，如果任务过多，会打击他们的积极性，产生厌学的态度。一定的学习计划和压力对孩子来说都是必要的，但也要让孩子有娱乐时间。喜欢玩是孩子的天性，如果父母不及时监督，放任自流，那么很难学有所成，但如果持续给孩子施加压力让他们完成某个书写任务，则不利于孩子的学习也是不正确的做法。

让孩子自己动手搞"发明"

在中国五千多年的历史长河中,出现过很多发明家,他们的发明不但让我们引以为傲,更重要的是推进了中华民族的繁荣发展。 这些伟大的发明家之所以有这样的成就,主要是有良好的兴趣对他们引导。 所以,如果孩子喜欢拆装东西,父母切不可制止,而是应该培养他们良好的兴趣。 说不定,这就是他们发明家生涯的开端。 然而,中国的很多父母都觉得,孩子搞一些小发明小创造的活动十分影响学习和生活。 其实,这是父母认识上的误区。

误区一:搞小发明影响孩子正常的学习。 这是大多数家长拒绝孩子搞发明的理由,他们认为发明创造会浪费孩子的时间,到最后竹篮打水一场空。 下面这个故事,可以让大家进行参考:

有两个即将进入高三的学生,他们有机会去北京参加发明比赛。但他们的父母担心会影响学习,所以并不支持,经过一系列的讨论之后才同意他们去。在创新决赛期间,他们认识了很多有同样爱好的同龄人中的佼佼者,他们互相学习,获得了许多新的知识。七天北京之行后,孩子们的精神头明显比以前好了,这对高三学生是有益的。

这个故事告诉我们，发明创造其实不仅不会耽误学习，而且利用好了反而会促进学习成绩的提高。

误区二：发明创造没有什么用，是一种不务正业的表现。孩子为了自己的研究，把小昆虫养在家里，然后收集一些破铜烂铁，但妈妈喜欢干净，把孩子所有的东西全扔了，并警告孩子："再这样就揍你。"传统的家长认为孩子只有读书写字才是学习，动手制作只是贪玩。但家长有所不知的是，这样强制孩子学习会让孩子的创新萌芽烂在学习的花盆中，也许就因为这样，孩子失去了一次创新的机会，也埋没了一个可能的创新"小天才"。

误区三：孩子的发明作业，家长代劳完成。另一个极端上的父母会全程代劳孩子的创作。这样的做法只会让孩子对父母产生依赖，甚至会阻断孩子的创新思维。父母应该让拥有创新思维的孩子自由地发展，并且让孩子亲手做出来，这样才能达到让孩子在创新中发展的目的，而且孩子也能感受到制作过程中的乐趣。

以上，讲的是父母在培养孩子进行发明创造的时候需要注意的几个点，下面是关于培养孩子动手操作、喜爱创造的方法。

（1）平日和孩子相处的过程中，对于孩子的创造和发明要多给予鼓励，让孩子不能只是有思维，还要有行动。可以让孩子模仿操作，让孩子增强动手能力。另外，就是一些家用设备的使用和在日常生活中的应用等。

（2）进行旧物品改装新物品的实验。这项活动的创造性是非常强的，比如修理闹钟，缝补布娃娃，巧妙利用瓶盖、废弃的瓶子、牙刷、布料来变废为宝。家长要细心、适时地调整自己在孩子整个制作中的角色，如成为帮手或者是建议者。

（3）有一定条件的家庭可以组织孩子进行一些综合性的实践活动。如果孩子对科学实验感兴趣，可以自己建造一个微型实验室，做很多物理和化学上的趣味实验。让孩子自己去发现那些写在课本里的原理，这样可以培养孩子对科学的热爱，激发他的求知欲，同时孩子的动手创造能力、发散思考能力也能得到提高。还要大大鼓励孩子多参加学校里举办的课余科研实践小队等一些能够让孩子动手的活动。

只有让孩子自己动手进行操作，才能集中孩子的注意力，让孩子对制作东西产生浓厚的兴趣。所以，父母们尽量让自己的孩子亲自动手，不要错过了孩子成为科学家的机会，同时也会让他们以后的生活变得多姿多彩。

不断强化孩子积极参与的意识

很多孩子常常看见大人们做什么，就吵着也要做什么。这既是孩子有参与意识的表现，也是孩子开始出现独立意识的表现。这时，父母应尽力协助，给予孩子自由发挥的机会。虽然孩子很可能还做不好这样的事情，但能不能做好与孩子的参与意识相比，就显得微不足道了。

孩子在两三岁的时候存在着"我自己来"的心理要求，但这时他们往往什么也干不好。有的父母图简单省事，对孩子的这种主动性和表现欲采取不理睬的态度，仍像原先那样包办一切，结果阻碍了孩子心理的健康发展。

孩子要求"自己来"的时候，父母应因势利导，教他们一些自我服务的技能。其实，这种教育是很简单的，只要父母端正态度就可以了。

一般来说，从身边的事情教起：比如穿衣服、脱衣服、吃饭、洗手、收拾玩具等。教这样的孩子不要急于求成，每件事都可以分解成若干小步，每次做到一两个小步，逐渐达到熟练的程度就可以了。

可以专门为孩子准备一些小工具，如小喷壶、小围裙、小拖把等。这样既能教会孩子技能，还可以给自己添个小帮手。

孩子有参与意识是好事。很多孩子，特别是小孩子，常常看见大人们做什么，就吵着也要做什么。

男孩子看见哥哥或父亲骑自行车，就会哭着要骑自行车。虽然他的脚还踢不着踏板，却总是跃跃欲试。女孩子看见母亲洗衣，有时也哭着要洗衣。这既是孩子有参与意识的表现，也是孩子开始出现独立意识的表现，他们希望像大人一样有事可做。

因此，如果孩子出现这样的要求，父母不要随便给他们泼冷水，"你人才比车子高一点，就想骑车子，别把车子摔坏了"，"人小小的，就想洗衣，不要把衣服洗脏了"等。

泼这样的冷水是很容易伤害孩子自尊心的，对他们的健康成长十分不利。孩子可能确实是太小了，还不能做这样的事情，可是能不能做这样的事情与孩子的参与意识相比，前者就显得微不足道了。

孩子有了参与意识，有自己尝试的意愿，父母就应该尽力协助，给予孩子自由发挥的机会。这对孩子的成长很重要。孩子如果成功了，父母要加以鼓励。如果没有做好，不应责备，更不应该从此以后不让孩子做这样的事情，因为任何事情都有一个学习和熟悉的过程。

当孩子们要求做某种尝试时，即使我们知道会有许多困难，或者不会成功，也还是应该给孩子一个尝试的机会，让他们去考验自己的才能。有时孩子可能会想出父母想不到的办法，产生超乎寻常的构思。如果事先就以肯定会失败为由而不许孩子尝试，那么孩子内心潜伏的无限可能性就无法得到发挥。这种害怕失败的心理状态，会使孩子不敢轻易尝试新的事物，养成孩子保持缄默、消极和被动的不良习惯。

事实上，任何人走向成功通常都要经历无数次的探索与失败。任何人在做一件事情的时候，都有一个学习与实践的过程，而且开始通常也都是做不好的。通过不断的实践，才由做不好达到做得好。

就以洗衣服这样一件简单的事而论，一个人初次洗衣服时肯定洗得不干净。因为他没有洗过，没有经验，不知道怎样才能洗得干净。做饭也是一样的，很多人第一次做饭，不是少放了水，把饭煮得过硬，就是多放了水，把饭煮得过稀。这是不足为怪的。因而，如果孩子第一次做什么事，做坏了，父母不要过于责备，而应帮助他总结经验，找出没有做好的原因，下次加以改进，可能就会做好了。

"失败是成功之母"，说的就是这个意思。没有失败，哪里会有成功？不过这个道理说起来简单，做起来却并不容易。

有些父母看见孩子没有把事情做好，就干脆自己过来代劳。他们的说法是："我自己动手省事得多。"这种越俎代庖的做法，对教育孩子是极为不利的。

对孩子的选择和决定，父母既应监督，也应检查。必要时，还应给予帮助，帮助和启发孩子做出正确的选择。这是因为孩子的选择有时不一定完善，可能会有不够妥当和欠缺的地方。只要没有什么不良的后果，父母就应尽量不插嘴，让他们自己去总结，并从中吸取教训。这样，孩子可能会取得更大的进步。

儿童心理学专家做过一项测试：父母在超市购物的时候，让孩子与父母选购物品，一般来说，孩子都会与父母合作，很少出现不听话或使性子的举动。购物的时候，父母可以诱导孩子，让他做一些小小的选择，比如问孩子："我们今天是买梨呢还是橘子？"并且要经常鼓励孩子，比如说："宝宝帮妈妈找到麦片了，真乖。"父母只要这样自始至终地鼓励孩子参与，自然比等孩子捣乱的时候再想法制服他更有效。

当然，在此过程中，父母的态度一定要平和，目的要明确。父母要求孩子参与的时候，态度要很温和，不要使用犹豫、不耐烦及粗暴的口吻。一句话，就是要让孩子明白父母到底要他做什么。比如父母要带孩子出门，不能说"快，走了"这样很笼统的话。而应该蹲下去，正眼看着孩子，很和气地说："把外衣穿好，帽子戴好，我们要出去了。"孩子如果按照要求做了，父母就应该抓住这机会进行表扬，强化孩子的这种行为。

具体地说，父母可以采用以下几种方法强化孩子的参与意识。

1. 父母给孩子选择的权利

要让孩子参与，就要给孩子相应的权利。有的父母错误地认为，孩子如果有了适当选择的权利，就会产生占了上风的感觉。因此，常常只让孩子在"是"或"不"之间进行选择。其实这样会限制孩子的思考范围。但话又说回来了，刚开始的时候，也应提倡孩子在两样东西之间进行选择，以免把选择范围弄得太大，孩子无法进行有效的选择。

如果孩子选择了父母所提供的范围以外的东西，父母可以这样教导孩子："这个选择不错，但它不在我们选择的范围之内。"让孩子有不符合游戏规则的感觉。

2. 让孩子感到同父母一起做事有意思

孩子之所以愿意与父母一起做事，很大程度取决于有没有意思。比如，孩子刷牙的时候，父母给他念一首刷牙的儿歌，让他跟着歌中的步骤刷牙，孩子就会感到很有意思。如果孩子拒绝穿衣服，父母可以对他说："听，小裙子说话了：我是你的小裙子，快点快点把你的头伸进来。"父母大概会觉得这样做有点可笑，但孩子却是很喜欢的。

3. 父母要强调合作的益处

父母要让孩子知道，跟大人合作也是为了他自己好。如果孩子明白了这一点，就会产生很高的积极性。一般的情况是，两三岁的孩子已经懂得好多道理了，父母用孩子能够接受的语言跟他解释做这件事对他的益处，孩子是可以接受的。比如说，"你和我一起把桌子收拾干净就可以画画了"，"你换好睡衣就可以听妈妈讲故事了"。

只有希望参与，才可能取得最后的胜利。即使孩子失败了，也不要灰心，要敢于让他接受再一次的失败，再进行下一次的参与。有这样的决心，你还怕孩子不积极参与吗？